歴史文化ライブラリー

413

皇居の近現代史

開かれた皇室像の誕生

河西秀哉

吉川弘文館

目　次

占領下の皇居　ナショナリズムの表象として

開かれはじめる皇居

現在の皇居――プロローグ

1　現在の皇居

二〇一四年（平成二六）四月五日土曜日、筆者は午前中から皇居前広場で長い列に並んでいた。この日は天皇の傘寿《さんじゅ》（八〇歳）を記念して行われた春季皇居乾《いぬい》通り（皇居を南北に走る）の一般公開二日目であった。好天の土曜日ということもあり、多くの人々が列をつくって並んでいた。その列は大手町駅付近から日比谷駅近くまでぐるっと廻り、そして坂下門へと戻るほど延びていた。

並んでいる人たちの層も様々であった。明らかにツアーの団体客と見られる人たちも多数いた（添乗員が誘導していたからである）。リクルートスーツを着た若者も並んでいた。外国人の姿もあった。若干年齢層は高めの様子であったが、しかし必ずしも高齢者ばかり

図１　2014年春季の乾通り一般公開

でもなかったように感じた。ここからは、様々な人たちがこの皇居乾通りの一般公開を楽しみにしていたことがわかる。その様子を新聞記事から紹介してみたい。

開放期間中、皇居には連日、大勢の見物客が詰めかけました。その数、五日間で計三八万以上にのぼりました。

東京都小平市から来た佐藤慎一さん（七四）は「濠と新緑のコントラストが良かった。桜も思った以上にあった」と満足そうな様子。同い年の妻、和代さんは「両陛下がお元気でいていただけることに改めて感謝しました。公開してくれたお気持ちもうれしかった」。埼玉県越谷市から来た男性（六六）は「思ったよりも乾通りが広々としていた。石垣もいいですね」などと話しました。

最多の約九万一千人が詰めかけた五日午前、両陛下は宮内庁庁舎三階のある部屋を訪れました。窓から外のにぎわっている様子を眺め、たくさんの人たちが訪れていることを大変喜び、桜の花が残っていることにほっとした様子だったそうです。

車で庁舎まで来る途中に、目にされたのでしょうか。皇居外苑に多くの人が並んでいることに「多くの人が待っているんですね」という感想も話したそうです（『朝日新聞デジタル』二〇一四年四月二六日）。

乾通りには多数の桜の木が植えられている。普段は国民が立ち入ることができない乾通りが、天皇の傘寿を記念して、桜が満開のこの時期に一般公開された。それに対して国民は、引用したように「公開してくれた」天皇の「お気持ちもうれしかった」と感想をもらしている。天皇皇后も国民に乾通りを見てもらうことを楽しみにし、その様子をマスメディアが報道している。このイベントには、そうした国民と天皇とを結ぶ構図が見えるのではないだろうか。筆者が訪れた四月五日は、記事にもあるように九万一〇〇〇人もの国民が皇居を訪れていた。これはテーマパークへの入場者並みの数である。乾通りは一二月三日から七日まで秋季にも一般公開が行われ、紅葉を見ようと三四万九五〇〇人もの国民が

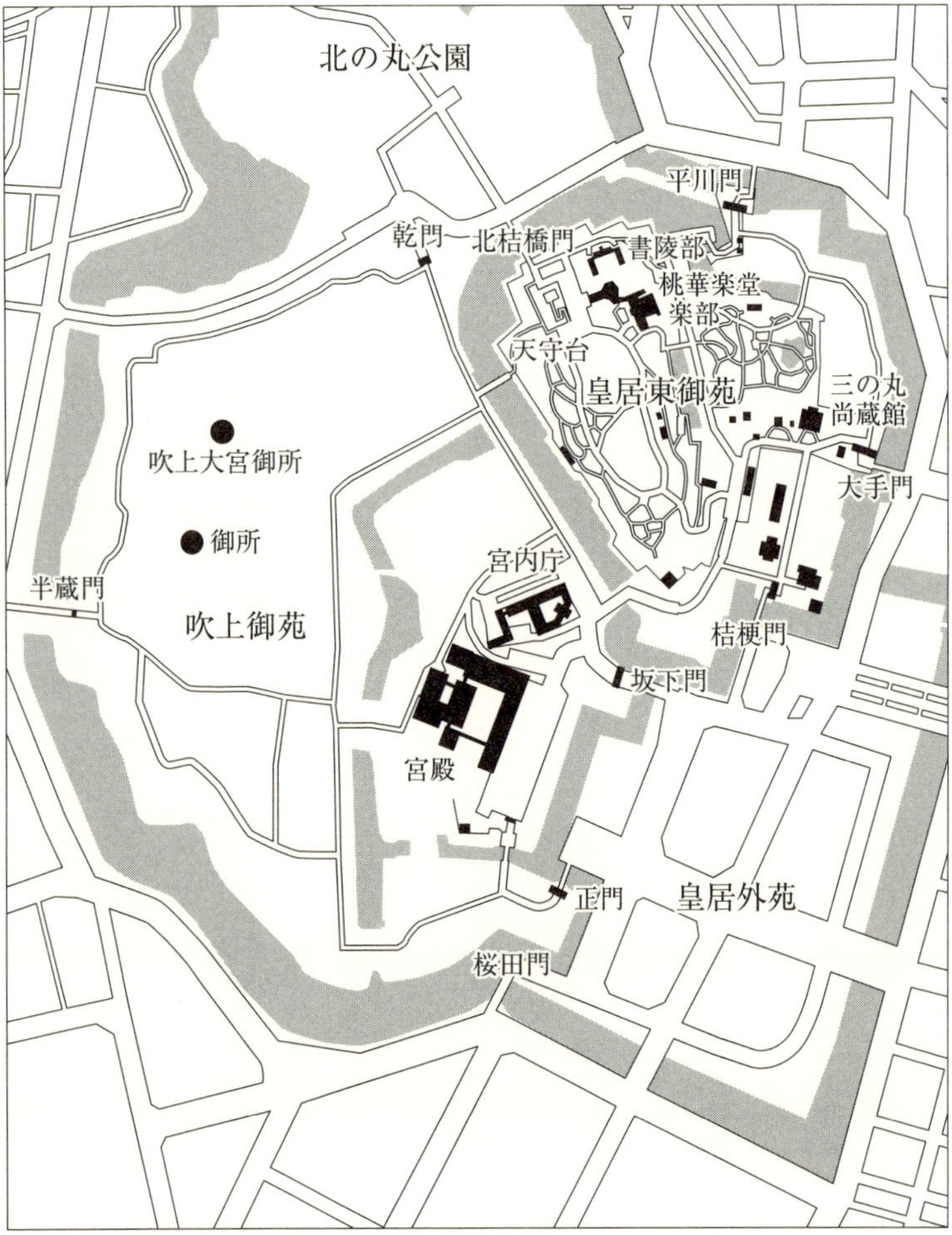
北の丸公園
平川門
乾門
北桔橋門
書陵部
桃華楽堂
楽部
天守台
皇居東御苑
三の丸
尚蔵館
大手門
吹上大宮御所
御所
宮内庁
半蔵門
吹上御苑
桔梗門
坂下門
宮殿
正門
皇居外苑
桜田門

図２　皇居周辺図

皇居を訪れた。なぜこれだけの人がこの時、皇居へ集まったのだろうか。

筆者が並んでいた時、前にいた女性たちが「普段は入ることができない皇居に入れるなんて」という会話をしていた。これは正しいようで正しくはない。たしかに乾通りは普段、私たち国民は入ることができない。しかし皇居自体は入ることができるのである。

第一に、新年の一般参賀や天皇誕生日の一般参賀である。宮殿の前に並んだ国民が小旗を振り、天皇をはじめとする皇族が宮殿バルコニーに並んでそれに応える。そして天皇は「お言葉」を発する。そうした光景をテレビで毎年見ることができるだろう。この参賀者は誰でもなることができる。当日、参賀者は皇居正門（二重橋）などで列をつくってそこから宮殿東庭の参賀会場というルートで皇居に入ることができる。

第二に、皇居参観である。これは宮内庁のホームページなどで住所や氏名などを記して事前に申し込む。人数に制限はあるが、許可されれば参観当日は桔梗門《ききょうもん》から皇居へ入り、宮内庁庁舎や宮殿、二重橋などをめぐるコースを案内され、建物は外から見学することができる。前もって申し込む必要はあるが、やはり皇居に入ることができるのである。

そしてより手軽なのは、第三の皇居東御苑《ぎょえん》の公開だろう。月曜日・金曜日や年末年始、行事日などを除く毎日、皇居東御苑と呼ばれる場所が一般に公開されている。大手門・平川門・北桔橋門《きたはねばしもん》から申し込むこともなく、自由に皇居に入ることができるのである。

その他にも、情報公開請求をするために宮内庁庁舎へ、史料を閲覧するために書陵部へと行くときに皇居へは入ることができる。これも特別の身分が必要なわけではない。

このように、意外と思われるかもしれないが、普段から私たちが皇居へ入るチャンスはかなりあるのである。では、国民が入ることができるようになったのはいつごろからなのだろうか。そして私たちはなぜ、皇居にあまり入ることができないと認識するようになったのだろうか。そして一般公開を「うれし」く思う気持ちはどこから来るのか。本書は、こうした問題を皇居をめぐる歴史を見るなかで明らかにしていきたい。

なお、現在宮内庁庁舎や宮殿が建っている場所は、江戸城の西の丸にあたる。つまり東京駅・大手町駅・日比谷公園近くの空間は西の丸、公開されている東御苑（大手町駅から竹橋駅近く）は江戸城の本丸・二の丸・三の丸の一部にあたる。史料上旧本丸と呼ばれる場合、厳密には本丸のみを指すのではなく、それは二の丸・三の丸を含んだ全体を指す言葉であり、本書でもそのように使用する。また、宮内庁はもとは宮内省であり、一九四七年（昭和二二）の日本国憲法施行に伴って内閣総理大臣所管の機関として宮内府に改められ、さらに一九四九年に総理府の設置に際してその管轄下の外局となり、宮内庁に改められた。本書でも時期によって省・府・庁を使い分けた。頻繁に引用する新聞・週刊誌は（『東朝』三九年一〇月一日）のように略記した。『東京朝日新聞』『朝日新聞』『読売新聞』『毎日新聞』『京都新聞』『文化時評』『中部日本新聞』『東京新聞』は、それぞれ『東朝』『朝日』『読売』『毎日』『京都』『文化』『中日』『東京』と記した。『週刊朝日』『週刊サンケイ』『週刊読売』『サンデー毎日』『週刊新潮』は、それぞれ『週朝』『週サ』『週読』『サ毎』『週新』と記した。また、読みやすさを考慮して引用史料のカタカナはひらがなに直したほか、濁点や句読点をおぎない、必要に応じて表現を修正した。

戦前の皇居

開かれ、そして閉じる

東京への奠都と宮殿の造営

東京奠都

明治維新後の一八六八年（明治元）七月一七日、江戸が東京と定められた。これは西の京＝京都に対する東の京＝東京の意味であり、今後は天皇が東西分け隔てなく統治することを内外に示したものであった（佐々木克『江戸が東京になった日』講談社、二〇〇一年）。その後、明治天皇は東京への行幸《ぎょうこう》を実施する。一〇月一三日に天皇は徳川将軍が居住していた江戸城御殿に入り（西の丸を行宮《あんぐう》と称した）、その日に江戸城は東京城と改められ、皇居にするとの布告が発表された。この時は未だ京都御所も皇居であったため、東京・京都の東西二ヵ所に皇居が存在したことになる。

同年一二月七日になると、旧本丸城跡に宮殿を造営する布告が出された（中島卯三郎

『皇城』雄山閣、一九五九年・佐々木前掲書）。この布告の翌日に天皇は一度京都へ還幸《かんこう》するが、翌年三月二八日には再び東京城に入った。同日、「東京城西の丸へ御駐輦依て皇城と称す」との発令が政府よりなされる。そして東京城西の丸には皇居・太政官《だじょうかん》・宮内省庁舎が置かれることとなった。こうして、行政機関を京都から東京に移転させて一元化するとともに、天皇の住居をも東京に移したのである。いわゆる東京奠都《てんと》であった。

皇居・皇城・宮城

ところで、ここで出てくる「皇居」や「皇城」といった言葉（後には「宮城」も出てくる）について、佐々木前掲書を踏まえて若干説明をしておきたい。「皇城」や「宮城」はもともと中国が由来の言葉であった。中国（唐）の長安は皇帝の居所としての「宮城」と諸官庁が集中する「皇城」を分離していたにもかかわらず、長安を模範として建設された平安京はそれを一緒にした。つまり、「宮城」である大内裏《だいだいり》のなかに諸官庁を入れたため、平安京には「皇城」に類するものがなかったのである。これに対して、天皇の私的な空間である内裏は「皇居」と呼ばれた。

維新政府は太政官を東京城のなかに置いた。つまり官庁を城内に置いたため、天皇の住居としての意味である「皇居」と称することは、その意味からすると実態にそぐわなくなる。そこで「宮城」か「皇城」の名称が選択肢として残った。そうしたなかで、政治・制度の改革イメージを打ち出すためにも、前時代からの連続である「宮城」ではなく、「皇城」が用いられるようになったのではないかと佐々木は推測している。「皇」という字をあてることで、王政復古のイメージを演出しようとしたのだろう。それまでの時代を打ち破る新しいイメージとして、また天皇を中心とした政治システムを構築することを示すために、「皇城」の語が用いられたのである。

その後、後述する一八八八年（明治二一）の宮殿完成後、「皇城」は「宮城」の名称に変更する旨の宮内省告示が出された。これは、官公庁が「宮城」の外である霞ヶ関につくられるようになり、政治的にも宮中と府中を分離するという方針が採られるようになったからであろう（佐々木前掲書）。こうして、諸官庁が集中する「皇城」ではなく、天皇の居所としての「宮城」が近代においては使用されることとなったのである。

なお、「宮城」と「皇居」の語はその後も問題となっている。一九三九年（昭和一四）、国民による遙拝《ようはい》をめぐって「宮城遙拝」の語を用いるのか「皇居遙拝」の語を用いるのかが議論となった（『東朝』三九年一〇月一日）。具体的な天皇の居所を指す「宮城」と、一般的に天皇が住む宮としての「皇居」のどちらを使用するのか、混乱が見られたのである。この時は、「宮城」は「権威主義的な覇者の居城を意味する城の語」のため、妥当ではないとする意見も見られる一方（『東朝』同年一〇月一〇日）、宮内省は一八八八年の宮内省告示を根拠として、固有名詞としての「宮城」の方が遙拝の時には望ましいと考えたようで（『東朝』同年一一月一一日）、結局は「宮城」が使用され、宮城遙拝という言葉で統一され、国民に定着していくことになる。ただしこの「宮城」と「皇居」の語は、敗戦後に再び問題となる。その点は次章の「占領下の皇居」で後述する。

皇居の範囲と施設

一八七二年（明治五）三月、本丸・二の丸跡・西の丸、吹上《ふきあげ》などの一円の区域が皇居の区域と定められた（中島前掲書）。本丸は現在の竹橋駅近辺に面した地域、西の丸は二重橋駅・東京駅近辺に面した地域、吹上は半蔵門駅・国会議事堂に面した地域である。江戸城は本丸や西の丸を中心として二重の濠がめぐらされていたが、その外部にも外濠があった。その間にあった西の丸下と呼ばれる地域は、皇居には指定されず、宮城外苑（現在の皇居前広場）となっていく（原武史『完本　皇居前広場』文藝春秋、二〇一四年、初出は二〇〇三年）。また、田安家や清水家が屋敷を構えていた北の丸（現在、日本武道館や東京国立近代美術館、国立公文書館があるあたり）も、皇居に指定されなかった。その後政府によって近衛《このえ》師団の兵営地が設置され、戦後は公園として整備されて開放されている。これらの地城は皇居の範囲ではなかった。

皇居には、後述するように宮殿が建設されるほか、宮殿近くに宮内省庁舎、吹上御苑《ぎょえん》に宮中祭祀を行う宮中三殿や昭和天皇の研究のための生物学御研究所（『昭和天皇実録』一九二五年二月二七日条）、ゴルフ場（同一九二八年九月一六日条）などの新しい施設も建設されていく。なお、吹上御苑は皇居全体の五分の一を占める大きさで、江戸時代から庭園として整備利用されていたが、幕末の混乱で荒廃していたため、宮殿建設と併せて整備され、霜錦亭《そうきんてい》などの休所も建設された。

皇居の門の位置も確認しておこう。江戸城西の丸の大手門が皇居の正門となった（現在の二重橋前駅、日比谷駅近く）。これは後述するように宮殿が旧西の丸に建設されたからである。正門は天皇も公式行事以外は使用しない（現在は一般参賀の時にも開かれる）。ここを越えると、いわゆる二重橋に至る。旧西の丸付近には、他に坂下門（宮内庁庁舎近く）や旧西の丸西南隅に桜田門がある。旧本丸付近には、江戸城の正門であった大手門（現在の大手町駅近く）、旧本丸南側に桔梗門《ききょうもん》、北側に江戸城二の丸の正門であった平川門（現在の竹橋駅近く）、北の丸に面した北詰橋門《きたはねばしもん》がある。吹上・旧西の丸と旧本丸を分断する乾《いぬい》通りの北端にある乾門は、一八八八年の新造で当初は通用門と呼ばれたが、一九一三年（大正二）に乾門と名称が改められた。宮城の東北（乾の方角）にあるからである。吹上には西側に半蔵門がある。このように、宮城には正門以下、八つの門があった。

宮殿の造営

京都還幸前に発表された宮殿造営の計画に話を戻したい。その計画は、その後も政府の財政難から進行していなかった。それは、天皇の居住空間や政務執行の場が東京城の既存の施設でも充分であったことも影響していた。しかし一八七二年（明治五）五月五日、女官部屋から出火した火災によって、東京城西の丸は全焼してしまい、天皇の居住空間も無くなってしまう。天皇皇后はその後一時的に吹上御苑に避難した後、赤坂離宮を仮皇居と定めてそこへ移った（『拝観録』宮内省大臣官房総務課、一九三三年）。

ここで宮殿造営は重要な意味を持つこととなった。仮皇居となった赤坂離宮は狭く、日常生活を送るにしても政務をするにしても不便だったからである。こうして政府は造営の計画を進めようとしたが、一八七四年五月には天皇が「国用夥多《かた》の時」に宮殿造営することについて、「朕が居室の為めに民産を損し黎庶《れいしょ》（庶民）を苦ましむること勿《な》かるべし」との勅諭を出し、それを急がないように求めたことから、すぐには進展しなかった（中島前掲書）。天皇が国政や財政、国民の生活状況を心配し、そのために宮殿造営を進めないように配慮を求めたのである。このような天皇の意思の表明は、後述するように敗戦後にも見られる。

この天皇の勅諭に対し、政府関係者からは宮殿造営を進めるよう建言が何度もなされた。その結果、先の勅諭の翌年の一八七五年一〇月には天皇から宮殿造営の許可が出る。しかし、その後も西南戦争が起こったり、地租軽減などの財政問題なども生じたりと、国内の政治・経済状況ともに安定せず、造営計画はなかなか進展しなかった。小沢朝江によれば、造営が進まなかった理由として、近代天皇制にとって「和風」と「洋風」のどちらがふさわしい宮殿なのか、また宮殿を東京城のどこに建築するのか（西の丸なのか本丸なのか）などが議論され、なかなか決着しなかった点もあるという（小沢朝江『明治の皇室建築』吉川弘文館、二〇〇八年）。その後一八八四年になってようやく着工し、大日本帝国憲法の発布が翌年に迫った一八八八年一〇月、宮殿および宮内省庁舎は完成した（中島前掲書）。造営予算は三九六万八〇〇〇円であった。着工した一八八四年の歳出が七六六六万円であったことから、一年の国家予算の約五％もの金額が宮殿造営に使用されたことになる。

明治宮殿の概要

では完成した宮殿についてごく簡単に見ておきたい。宮殿は、公的な機能・性格を有する表宮殿と天皇や皇后の生活空間である奥宮殿に分けられる。表宮殿は三六四一坪、奥宮殿は一四〇九坪で、宮殿全体としては五〇五〇坪で

図３　明治宮殿正殿（『鳳闕』より）

あった。その後、増築もされている。

表宮殿は和風木造の平屋建で、外部は「和風様式を踏襲したもの」であったが、天井は和風の折上格天井を用いながらガラス戸を採用したりカーテンを吊るなど、内部は和洋折衷式を採用していた（後藤・安田記念東京都市研究所市政専門図書館蔵「皇居造営審議会関係資料」・小沢前掲書）。内部装飾は「わが国固有の美術工芸をとり入れ、蒔絵《まきえ》、漆工《しっこう》、金工、織物等を随所に応用し」、天井も高く建築されるなどして壮麗な空間が目指された。表宮殿には謁見所や饗宴《きょうえん》所など、外国使節との会見や国家的な式典・行事などが開催される場所が置かれたため、目に見える形で国家としての威信を誇示するための装飾がなされたものと考えられる。一方で、表宮殿には御学問所や内謁見所などのようにもう少し規模の小さい空間も存在した。天皇が日常的に政務を行い、国務大臣などから奏上拝謁を受けるのはこうした空間であった。また、歌会始などの近世からつながる伝統的な行事もこれらの場所で行われており、表宮殿は近代的な空間のなかにいかに近世以来の儀式を併存させるかが目指されて建築されたといえる（小沢前掲書）。

奥宮殿はやはり和風木造の平屋建で、和風様式であったものの一部畳の上に絨毯《じゆうたん》を引き、暖炉を設置するなど洋式を取り入れたところもあった。ここでも和洋折衷の形が採用されたのである。室内装飾は表宮殿と同様の美術工芸を採用したが、「表宮殿に比べきわめて質素なものであった」という（「皇居造営審議会関係資料」）。

以上のように新しく建築された宮殿は、京都御所の姿を意識して伝統的な和風建築を取り入れつつ、近代国家として出発したことを考慮して洋風建築も取り入れる折衷型の建築物として完成したのである。

宮城拝観のはじまり

宮殿完成後、宮内省は一八八八年（明治二一）一二月四日から一〇日までの間、宮殿造営に関して献金や献品をした人々の宮城拝観を許可する達しを各府県に出した。これが宮城拝観のはじまりである。宮殿造営にあたって、国民から献納された金額は三三万二七六〇円、献納者は一六万三六九八人で（中島前掲書）、彼らが宮城拝観の対象となった。つまり、豊かではない国家財政のなかで宮殿造営を遂行するためには国民からの献納に頼らなければならず、その恩を返すために献納者に対して特別に宮城拝観が許可されたのである。

この献納者への特別拝観は新聞でも報道がなされた。この時の宮城拝観は「階下より巡観し階上に昇る」ことは許されなかった（『読売』八八年一一月二日）。拝観者は正門より宮城に入って坂下門より退出したが、彼らによれば「其建造は実に結構にして目眩《まばゆ》」かったようである。「御内廷は総て日本風の造りなれども宮内省内閣は西洋風の造り」（『読売』同年一二月六日）で、宮殿は日本の伝統文化を、宮内省庁舎は西洋化した皇室を象徴する建造物として人々に捉えられた。

なお、この時の宮城拝観では同時に、爵位を持つ者や学習院華族女学校の生徒などにも同じように拝観が実施された（『拝観録』）。翌年五月五日から二六日にも献納者に対して宮城拝観が許可されたようである（『読売』八九年五月二日）。ただし、これらの宮城拝観はあくまで「献金献品者に対する恩遇的のものにして」、一般の人々の拝観までには至らなかった（『拝観録』）。

その後、宮城拝観は次第に拡大していくものの、非常に限定された団体（個人は認めていない）にしか許可されなかった。それも、拝観の申し出があるたびに宮内省はそれぞれの内容を見て、許可を出すか否か検討していた。許可された団体はまず第一に、衆議院・貴族院議員など（『読売』九二年一二月二三日）。第二に、高等師範学校・女子高等師範学校の生徒、校長などの教育関係者（『読売』九〇年五月二日・〇六年五月一一日など）。これは、学生たちも含めて、今後教育に携わる立場であることを考慮して、宮城拝観を許可されたケースといえるだろう。第三に、陸海軍関係者（『読売』九三年七月一四日など）。それぞれに付属する学校の生徒、兵士などがその対象となった。

拝観が許可された団体は総じて、国家的な任務を担う役割を有していたといえる。献納者の拝観がそれに対するお礼としての意味があったとすれば、これら国家的な任務を担う人々の拝観は、これから国家への忠誠をより強く持たせ、職務に励ませるための拝観であったのではないだろうか。

大正期の宮城拝観

大正期に入っても、初期のころの宮城拝観は明治期とほとんど変わらなかった。つまり、一般には拝観は許可されず、特別の者に対しても申し出があるたびにその可否を宮内省内で検討し、天皇の裁可を得ていた。それが変化しはじめたのは、一九一六年（大正五）ごろからである。同年、拝観許可を大臣決裁にし、手続きの簡素化を図った。これはおそらく、増加する拝観申し出に対応するための措置と思われる。

その後、一九一八年には逓信省《ていしんしょう》所管の商船学校学生が課程を修了して実習に派遣される際の四月と一一月に、宮城拝観が許可されることとなった。これは、先の高等学校師範学校などの例に準じた措置と推測されるが、これ以後一般の人々の拝観が次第に行われるようになっていく。ただし宮内省はこの時、拝観許可の範囲は明文化しなかった。

表1　1922年の宮城拝観団体数・人数

	団体数	人　数
1月	22	1,759
2月	24	2,796
3月	99	4,764
4月	163	8,528
5月	367	14,495
6月	357	11,439
7月	318	10,021
8月	62	5,227
9月	112	2,894
10月	99	6,307
11月	61	4,886
12月	216	5,386
合計	1,900	78,502

『拝観録』より作成

その後も一九二〇年九月には小学校長に、翌年三月には町村長に拝観が許可される。またこの時、一度許可された団体と同種の団体には主殿頭《とのものかみ》決裁で許可をすることにしたため、より手続きの簡素化が図られ、拝観が促進されることとなった。そのため、日本赤十字社・愛国婦人会、帝国在郷軍人会会員・青年団員、中等学校・小学校最上級の生徒児童にまで拝観許可の範囲が拡大していく。宮内省は申し出ごとに、先例に準じつつ、それが同種の団体であるかどうか話し合って拝観の許可を出すか否かの判定をしていた。こうした状況を『拝観録』が「大正十二年以降十三年、十四年、十五年には全く係員をして忙殺せしむる程の頻繁なり」と記しているように、一九二〇年代に入ると宮城拝観が許可される団体の範囲も数も拡大していった。表1は一九二二年の宮城拝観の団体数と人数である。

一九〇〇団体、七万八五〇二人もの人々が、この年宮城を拝観した。これに対して許可を認めるのか否かを審査するだけでも相当大変だったことは容易に推測できるだろう。

「宮城拝観に関する件」

宮内庁書陵部宮内公文書館には現在、おそらくこのころに書かれたと考えられる「宮城拝観に関する件」という文書が残されている。これは、この時期に宮内省内に宮城拝観に関する検討委員会がつくられ、そこでの検討結果を記した史料と考えられる。

それによれば、宮城拝観については当時の省内でも、①認めない、②範囲・区域を変更して許可する、③従来通り許可するという三つの意見が混在していたようである。それらの意見を検討した委員会はまず、宮城は「聖域」であるがゆえに、「濫《みだ》りに拝観を許し観覧的物的思想を抱かしむるは元より厳に戒めざるべからざる」と述べる。このように、「神聖にして侵」してはならない天皇の住居を国民が物見遊山的に見学することには、宮内省も敏感にならざるを得なかった。それでは天皇の権威が保てないからである。

しかし、宮城拝観は「神聖」な天皇の住居を国民が見るがゆえに、「清楚《せいそ》森厳《しんげん》の聖域」を拝観者の脳裏に印象づけるだろうと委員会は考えた。つまり宮城拝観によって、天皇の権威を再生産させることにもつながると捉えられたのである。またそれは、「皇室と国民との親しみを増加すべき手段」になるとも委員会は予想していた。なぜなら、すでに宮城拝観によって、人々の感情に「良好なる印象を与へ」ているると彼らは考えていたからである。それゆえ「現今の情勢に鑑み」て、つまり大正デモクラシーという状況を踏まえて、拝観者の範囲と区域を設定すべきとの結論を委員会は提案している。

ここで、委員会が設定した拝観者の範囲を見ておきたい。委員会は、①市町村長のほか助役・収入役・六大都市の高級官吏と府県会議員、②小学校などの学校の職員団体と最上級の生徒、③在郷軍人会員及び傷病兵、④日本赤十字や愛国婦人会関係、軍人後援会関係、⑤青年団・処女会、少年団員、⑥警視庁管内の消防組頭団体などを拝観資格の範囲と定めてはどうかと提案している。これは、現状行われている宮城拝観の資格範囲を追認する形であり、それを文章にして明確にしようとしたのではないか。これが、後述する一九二五年（大正一四）の拝観資格範囲の明文化へとつながっていく。

以上の委員会の検討は、「現今の情勢」すなわち大正デモクラシー期の状況を踏まえ、天皇の権威を回復させるとともに、国民との緊密な関係性をも構築しようとする、二つの目的から宮城拝観の拡大が宮内省内で思考されていたことを示している。それは、どちらか一方の意図だけではなく、両者が並立していたところに意味があった。

小学校長たちの拝観

ではここで、実際に宮城を拝観した人々の状況について見てみたい。岡山県上房郡《じょうぼう》（現在の高梁《たかはし》市、真庭《まにわ》市など）の小学校の校長たちによる拝観の様子が、横上若太郎『宮城拝観記　附帝都瞥見』（上房郡校長会、一九二二年）という記録に残されており、ここではそれを元に宮城拝観の状況を再現しよう。

一九二一年（大正一〇）一月、上房郡役所で開催された小学校長会議の席上で、校長団として「国民教育者に限り許された、宮城奉拝」をし、「前代未聞の恩典を拝浴しては」との提案がある校長からなされた。議論の結果、卒業式終了後の三月二五日前後の実施が決定される。校長団はその後、郡長から県知事に上申し、さらに文部大臣に願い出る正規の宮城拝観手続きをしつつ、岡山県出身で上房郡の校長を歴任したことのある文部省秘書課勤務の吉岡態雄《たいゆう》にも状況を説明して依頼を行った。つまり宮城拝観は、正規のルートでの手続きのみならず、こうした人的つながりを通して官僚に働きかけ、実現に至ったということがわかる。ある種のコネが必要だったわけである。その後、三月一八日に吉岡を通じ、二六日拝観の許可が伝えられた。拝観まで約一週間後という直前の許可であった。

校長団は訓導《くんどう》・学務委員を含めて総勢一八名で三月二三日に岡山を出発、電車で東上し、二四日は鎌倉・江ノ島を観光した。三日目に東京へ入って国会などを見学、四日目の二六日に宮城と新宿御苑《ぎょえん》を拝観、明治神宮を参拝する。その後、東京・日光・長野・金沢などをめぐってそれぞれ観光をし、一〇日目の四月一日に岡山に着いて解散となった。

文部大臣の講演

では、二六日の様子を詳しく見てみよう。校長団はまず、静岡県駿東《すんとう》郡の男女訓導二五〇人とともに、拝観に先だって中橋徳五郎《とくごろう》文部大臣の講演を聞くために文部省を訪れた。この静岡県の訓導らも、同日に宮城拝観をするために上京してきていた。中橋はこの講演のなかで、次のような内容を話したという。

□帝室のいとも御質素にわたらせられること。

□惟《おも》ふに現代は物質文明の行き詰り、欧州は危殆《きたい》（危機）に瀕してゐること。

□我国は悠久三千年、皇室の御樹徳国民の忠孝相俟って国体の精華を発揮してゐること。

□国民は相愛し相結合して内各自の幸福を図り、外他国の侮を防ぎ苟《いやしく》も彼の危険に感染せざること。

□これにつき教育者に一大覚悟を要すること。

この中橋文相の講演は、当時の天皇制が置かれていた状況を如実に示している。第一次世界大戦後、オーストリアやドイツなどヨーロッパ各地の王政は相次いで倒れた。つまりこの時期は、世界的な君主制危機の時代だったのである。デモクラシーや社会主義などの思想が日本へ流入するなかで、天皇制もその影響を受ける可能性は十分にあった。そのため、原敬《たかし》首相は国民との関係性をより緊密化し、皇室を「民主化」することで、その危機を克服しようとした（これについては、坂本一登「新しい皇室像を求めて」『年報近代日本研究』二〇、一九九八年などに詳しい）。

そこで中橋は、「他国の侮を防ぎ苟も彼の危険に感染」しないためにも、皇室が「質素」であることを強調して国民に近づけようとしたのである。小学校長たちは、そうした思考を将来的に国を担う子どもたちへ教育する役割を担っていた。つまり、彼らが地域に帰ってから行う教育に天皇制の未来がかかっていたといってもよい。だからこそ、政府は彼らに宮城を参観させたのである。国民が宮城に入ることとは、天皇制をより身近に感じ、「民主化」を体得する重要な機会として捉えられ、許可された。中橋の講演は、そうした思考をより定着させるためになされたものといえる。第一次世界大戦後に宮城拝観がより展開されていった背景には、このような意味があった。

宮城拝観の実際

中橋の講演を聞いた後、校長団は宮城拝観に向かった。乾門《いぬいもん》から宮城へ入り、門前に整列、連名表を守衛へ渡して厳密な点呼の後、旧本丸跡を望みながら宮内省へと進んだ。なお、拝観は二列で整然と行われた。そして表宮殿を見学する。その感想は「御調度が荘厳《そうごん》を極めてゐる」。その後、宮殿の豊明殿《ほうめいでん》・千種《ちぐさ》の間・竹の間・牡丹《ぼたん》の間・西溜《にしたまり》の間・東溜の間・葡萄《ぶどう》一の間・西一の間・正殿を外から見て、御車寄へと至った。この間、校長団は各部屋の装飾や調度品、美術品などを宮殿外部から見たことになる。彼らの「微臣一同恐懼《きょうく》感激の涙に咽《むせ》び皇民の責務を感ずること極めて切なるものがある」との感想からは、その装飾に圧倒されながら天皇に権威を感じ、そして日本国民としての意識を確実なものとしていく姿を見ることができるだろう。

その後、二重橋を経て、振天府《しんてんふ》・建安府《けんあんふ》・惇明府《じゅんめいふ》・懐遠府《かいえんふ》（これらについては後述する）を見て、賢所《かしこどころ》参集所や宮中三殿などの国家神道と密接に関わる空間を拝観した。吹上《ふきあげ》御苑は見学コースとはなっておらず、その後は紅葉山《もみじやま》・宮内省庁舎前・皇宮警察前を通って坂下門より出て、宮城拝観は終了した。この後、「此光栄を末代に伝ふべく」、二重橋を背景に記念写真を撮影し、校長団は次の明治神宮へと向かった。彼らにとってこの宮城拝観は、「恐懼感激の涙に咽び」というものであった。

この状況が記録として編纂されるとともに、地域に帰った校長団はこの様子を伝え、教育に取り組んでいく。地域から宮城拝観をした人々は、その地域に天皇制の現状・皇居の荘厳さ・国民としての自覚を伝える媒介者だったのである。

宮城拝観が利益誘導に？

宮城拝観には様々なトラブルも存在した。まずは一九二三年（大正一二）の「宮城拝観を餌《えさ》にした」選挙違反の問題を紹介したい（『読売』二三年八月二二日・『東朝』同年八月二一日夕刊）。在郷軍人会本部から宮内省に対して、五日間の日程で東京市京橋区（現在の中央区）在住の在郷軍人分会会員二五〇〇人の宮城拝観の願い出が提出され、宮内省はそれを許可した。宮内省は、青年団や在郷軍人会については特に信頼をしており、拝観者の人物像の調査などはしていなかったようである。

しかしここで問題が起きた。在郷軍人分会会長で京橋区選出の関仲次郎《なかじろう》東京府会議員が、在郷軍人会とは関係の無い区内の有力者数十人（『東朝』によれば約一〇〇人）に対して、「宮城拝観が御希望ならば是非お出でなさい」との通知を送り、その人々を在郷軍人会の宮城拝観者として宮内省に申請していたからである。結局この話は警察などに漏れ、調査の結果、宮内省は拝観の許可を取り消した。

関の行為は、宮内省への虚偽の申告として不敬罪に問われる可能性があった。こうした人々は在郷軍人分会の名誉会員であり、自分は勧誘の通知を送っていないと彼は反論しているが、マスメディアも警察もその通りには受け取らなかった。なぜなら関がこの時、次の東京府会議員選挙立候補に名乗りをあげていたからである。警視庁や特高警察は、在郷軍人会員以外の者を在郷軍人会員として宮城拝観者に組み入れた行為を「有権者をだき込む一つの手段」「来るべき選挙に際し有権者を買収すべき意志は明瞭」として捜査に乗り出した。ここまででわかるように、宮城拝観は有権者を抱き込むための利益誘導の一つとして捉えられていたのである。これは、宮城拝観が国民にとって意味ある行為であり、貴重な機会であったからこそ、成り立つ仕組みであった。宮城拝観は、それだけ国民にとって希少価値のある出来事だったといえる。だからこそ、選挙時の票獲得を有利にするためのツールとして利用しようとしたのである。

この問題は結局、関が翌日には在郷軍人会分会長を辞任することで決着する。しかし関は自身の関知は最後まで認めず、願い出は分会班長の独断であると釈明した（『読売』同年八月二二日）。なお、関は翌年六月の府会議員選挙では当選している。

宮城拝観を選挙運動に利用しようとする動きは、この時だけではなく、宮内省にも様々に噂が聞こえていたようで、本来の趣旨とは異なるだけにその対応には苦慮していた。

道府県議長の取り扱いをめぐって

宮城拝観をめぐるトラブルは他にもあった。一九二二年（大正一一）七月、全国道府県会議長会議が東京で開催され、その時に上京した議長団十数名が会議前に宮城拝観を行おうと坂下門に到着したところ、七〇名に満たない団体は拝観させるわけにはいかないとして、宮内省は拝観を拒否した（『読売』一九二二年七月二二日・『東朝』同年七月二二日夕刊）。議長団は前もって宇佐美勝夫《かつお》東京府知事の紹介を得て、宮内省から拝観の許可を得ていたため、服や帽子などを新調して拝観に臨んでいたようである。それゆえ、拝観拒否は意外であった。しかもそのやりとりの最中に、「服装とりどり」の学生団体が拝観のために門を通り過ぎようとした時、宮内省側が議長団もその学生団体に混じって拝観したらよいと提案したため、彼らは「人を馬鹿にしている」と憤慨し、拝観もせずに引き返した。

彼らはその後の会議で、「吾等は特別の待遇を受けるものと信じ服装も礼を失しないやうに注意して行ったに拘《(ママ)》らず、一般拝観並の待遇を受けたのは甚だ意外とする所である」と述べて、宇佐美知事から再び宮内省へ交渉することを求めた。一方の宮内省側は、「特別待遇は出来兼ねた」、また服装も近年は「紋付き袴や麦藁帽でも好い事になって居る」と述べ、議長団の主張に反論を加えている。

このエピソードからはまず、宮城拝観を特別視する議長団の思考を読み取ることができるだろう。それぞれの地域から上京してきた議長団にとって、宮城拝観は大きなイベントの一つであった。議長としての誇りを持った彼らは、一般の拝観者との格差を望んだ。おそらくは、宮城拝観において特別待遇を受けることで自身のプライドを満たそうとしたからだろう。宮城拝観は彼らにとって、自らの地位を示す重要な行為であり、自らが特別視されることでその行為はより意味を持つものになると考えていたといえよう。

しかし、宮内省側はその特別待遇を拒否した。それは、宮城拝観は議長団が求めるような彼らのプライドを満たすために行われていたからではなく、デモクラシー状況のなかで国民と皇室とを身近にし、天皇制の「民主化」を示す意図の下に実施されていたからだろうと推測できる。そのためにも、拝観者は誰しも特別視せず、平等に扱う必要があった。この扱いは、明治期の宮城拝観と大正期のそれが質的に変化したこと（恩恵からデモクラシー・支持基盤獲得）を示すものといえるだろう。

宮城拝観の拡大

ただし、宮内省のこうした杓子定規的な対応には批判が存在したことも事実である。増加する宮城拝観者を対応して案内する職員が足りなくなってきたことから、一九二二年（大正一一）に宮内省は宮城拝観の縮小（在郷軍人会などに認められていた坂下門から乾門の通過廃止）を内務省へ提案した（『読売』二二年七月一五日）。ところが内務省側は、「地方の団体は坂下門から一歩入ることでさへ無上の光栄と思ってゐる」と反対し、むしろ拝観の拡張を主張した。この問題を報道した『読売』は「宮城拝観の心理がわからぬ宮内省」との見出しを掲げ、宮内省の提案を批判している。宮城拝観を求める人たちのニーズに応えようとせず、むしろ縮小を計画した宮内省は、デモクラシーに逆行する旧態依然の対応をする役所として捉えられたのである。最終的にはこうした批判を受け、宮内省は在郷軍人会などにも一般許可者と同じ範囲になるように拝観ルートを変更し、宮城拝観者に対応する職員を増員することになった（『読売』同年八月一八日）。

そして、その後も宮城拝観は拡大し続けていく。例えば、一九二三年には「小学生に皇室尊崇の念を深くさす為めの宮城拝観」が東京市学務課と宮内省で話し合われた（『東朝』二三年二月一八日）。その後、宮内省との協議は文部省が引き受けることになり、全国各地の小学生への宮城拝観の許可が目指された（『東朝』同年三月二二日夕刊）。結局は、小学生の数が膨大であること、全国各地から拝観のために上京するのは困難であることから、まずは東京市内の小学校と中学校の最上級生に限定して宮城拝観が許可されることになった（『東朝』同年四月八日）。五月三日より一〇日間にわたって、市内の小学生・中学生約二万六〇〇〇人が順に宮城拝観を行った（『東朝』同年五月四日・『読売』同年五月五日）。子どもたちが宮城拝観者の対象となったのは、校長団への拝観を許可した時と同様に、将来的に国家を担う子どもたちに「皇室尊崇の念」を与え、天皇制支持の基盤とする目的があったからであろう。

国家のための宮城拝観

拡大されたのは児童生徒だけではない。一九二五年（大正一四）に鉄道省が宮内省と交渉した結果、鉄道関係者約三万人の宮城拝観が許可された（『読売』一二五年九月二二日）。この拝観は後述する理由で実施されなかったが、事務員のみならず雇員まで許可されたことに「恩典を賜はった」と鉄道省側は満足していた。これは、国家の事業でもある鉄道へ従事している人々に宮城拝観という皇室の「恩典」を与えることで、彼らの日常業務へ感謝の念を国家が示すという意味を持っていた。それゆえ、現場に勤める雇員までも拝観を認めるよう鉄道省が宮内省に交渉したのである。

また、戦争で傷ついた傷痍兵《しょういへい》たちが宮城拝観を許可されたこともあった（『東朝』二三年二月一三日夕刊）。傷痍兵約六三〇名のなかには、妻や子どもを補助者にして拝観に訪れた者もいたようである。宮内省は許可された者以外の立ち入りを禁止したので補助者は門のなかへは入れず、彼らはそれでは歩けないために宮城拝観ができずに「涙を流して残念が」った。そこで現場で強く交渉したところ、「やっとの事で拝観が許された」。つまり、宮内省は傷痍兵たちには特別待遇を認めたのである。これは、国家のために戦争で負傷した彼らへの償いであったのだろうか。傷痍兵たちは宮城拝観のなかで、特に振天府（日清戦争の戦利品を納めるために建築され、戦死した将校の肖像写真や下士官以下の名簿も一緒に収められた）や戦争記念碑などの施設を見て「涙が落ち」た。彼らは宮城拝観を許可されたことで、「感情も融和された」「有難き思召《おぼしめし》は一同感謝して居る」という。徴兵されたうえに負傷して帰って来なければならなかった彼らにとって、国家に対する思いは複雑であったと思われる。なぜ自分たちだけが傷つき、苦労しなければならないのか。そう考えていた時、宮城拝観を許可されることは、自分自身の存在を国家に認めてもらい、その精神的苦痛を癒すような作用をもたらしたのではないだろうか。

この他には、海外からの観光団に宮城拝観が許可されるケースもあった。一九二三年五月にアメリカから来た絹業視察団に対し、貞明《ていめい》皇后の「思召による破格の御取扱ひ」で、宮城内の御養蚕所の拝観が許可された（『東朝』同年五月二日）。これを機に宮内省は、「相当身分ある外国人に対して宮城拝観を差許される」よう検討をはじめた。外国使節に、宮城拝観を許すことで特別待遇をしていることを示そうとしたのである。第一次世界大戦後に委任統治領となったパラオから一九二四年に観光団が日本を訪れた際も、観光団に宮城拝観を許可し、委任統治の特別性を強調した（『東朝』二四年七月三〇日）。このように、宮城拝観は国家としてその使節を特別視していることを示すために許可され、利用されたのである。

拝観資格者

前述のように、宮内省はそれまで、宮城拝観者の資格範囲を明文化しなかった。希望があればその都度、先例に従って、話し合って許可を出すか否かの判定をしていた。しかし『拝観録』には、一九二五年（大正一四）一二月に愛知県に対して拝観者の範囲を示した書簡が収録されており、増加する拝観希望者を目の前にして、宮内省は一定の基準を示さざるを得なかったと考えられる。ちなみに、この時も個人での拝観は認めず、団体による拝観のみであった。範囲は以下のとおりである（史料は一部加工した）。

一、各庁雇員以上
一、地方待遇職員

一、市町村長、助役、収入役並高級吏員
一、府県会議員
一、市町村会議員、市町村組合会議員
一、市町村会議員拝観の場合之に伴ふ市町村書記
一、東京、大阪、京都、名古屋の区長、高級吏員及区会議員
一、神官、神職並寺院住職等
一、有位帯勤者
一、社会事業に従事する者
一、公共組合
一、青年団員及処女会員
一、府県消防組頭、小頭
一、台湾、朝鮮、樺太、関東州、南洋群島
　右住民内地視察団
一、軍隊、在郷軍人会員、戦病死者の遺族、将校婦人会員
一、学校職員、学生、生徒

小学校以上の職員
官公私立、各種専門学校最上級学生
師範学校、中学校、高等女学校、小学校、最上級生徒

以上のように、当初は宮殿建設に献金・献品した人々への拝観であったものが、国家や地域の行政や立法などに携わる人々、植民地などからの使節、軍事関係者、教育関係者や生徒児童など、その範囲は大きく拡大し、それが明文化されたのである（ここにはあげられていないが、一九二五年には国勢調査が行われており、その国勢調査員も宮城拝観の対象となった）。これは前述のように、国家的事業へ従事している人々に宮城拝観という皇室の「恩典」を与え、特別視することで、彼らの日常業務への感謝の念を国家が示すという意味を持っていた。

宮城拝観は、新しいデモクラシー状況のなかで国民と皇室とを身近にし、天皇制の「民主化」を示す意図の下に実施されていた側面、国家的事業の従事者に対するねぎらいの側面、そしてこれからの国家・天皇制の基盤を強固にしていくための側面、そうした意図が込められて実施されていったのである。

閉じていく宮城——戦争遺家族と御府

拝観の廃止

以上のように拝観者が拡大していった宮城拝観も、その後縮小へと方針が転換される。拝観者の増加によって「宮城内を雑踏ならしむるは崇厳《すうごん》の念に欠くる」様になり、加えて拝観者のなかでの伝染病保菌者の問題が懸念されはじめたからである（『拝観録』）。宮内省内ではこうした問題について、相当に議論があったことがうかがえる。そのようななか、一九二五年（大正一四）にはコレラが流行したため、宮城内にそれが持ち込まれることを懸念した宮内省は、宮城拝観を停止する。翌年も宮殿や宮内省内の修理・改修を理由にして拝観が許可されず（『読売』二六年八月一一日）、この年に大正天皇が死去したこともあって、その後宮城拝観は基本的になされなくなった。

宮城拝観がなされなくなった背景にはおそらく、一九二三年の虎ノ門事件に見られるような皇族を狙ったテロリズムへの警戒、国内における共産主義・社会主義の浸透に対する危機感などがあり、多くの人々をむやみに宮城に入れることへの警戒感があったものと推測される。それはまさに、デモクラシーの風潮に合わせた天皇制から国体論的な天皇制への転換という状況のなかでの措置であった。

ただし、宮内省は必ずしもすべての宮城拝観を許可しなかったわけではない。新聞で報道されているだけでも、一九二八年（昭和三）九月には宮内省担当の新聞記者の団体である坂下倶楽部に宮城拝観が許可されている（『読売』二八年九月一二日）。翌年には各府県知事が宮城内の水田を拝観（『東朝』二九年六月二一日）、一九三四、三五年には養蚕家の篤志者が宮城内の養蚕所を拝観している（『読売』三四年五月三〇日夕刊・『東朝』三五年五月三〇日夕刊）。このように、国家および皇室にとって重要な意味を持つ団体には特に宮城拝観を許可したのだろうか。

御府とはなにか

一九三〇年代にもなると宮城拝観はほとんど行われず、新聞でもそれについてほとんど報道されなくなった。しかし、ほとんど唯一ともいってよい例外があった。宮城内にある御府《ぎょふ》拝観に関する記事である。

図４　振天府（『日本地理大系３　大東京篇』より）

『読売』には一九三二年一〇月二五日夕刊に「戦死者遺族　振天府《しんてんふ》拝観」との記事が、一九四〇年五月四日夕刊には「傷痍軍人顕忠府《けんちゅうふ》拝観」との記事が掲載されている。『東朝』でも一九三五年九月二〇日夕刊に「司法官、振天府拝観」との記事が、一九四二年一〇月一六日夕刊には「顕忠府、御苑《ぎょえん》を拝観」との記事が掲載されており、アジア・太平洋戦争中にも宮城内に人々が入っていたことがわかる。

上記の記事にもその名前があがっており、また先に述べた岡山県上房《じょうぼう》郡の小学校校長団たちが見学した「振天府・建安府《けんあんふ》・惇明府《じゅんめいふ》・懐《かい》遠府《えんふ》」が、「御府」と総称される（御府に関しては、川瀬由希子「軍人の肖像写真と振天府政策」『ばさら』二、一九九九年・木下直之「先の戦争の中の先の戦争の記憶」『現代思想』三〇―九、二〇〇二年などに詳しい）。それぞれの場所は、現在の吹上《ふきあげ》御苑の西端に集中して建設されていた。

まず一番最初に建設された振天府について見ておこう。振天府は一八九五年（明治二八）に着工し、翌年に完成した建物（倉庫）である。横三間、縦一三間の三九坪という大きさであった。前年から開始された日清戦争の戦利品を納めるために建築された振天府には、日清戦争で戦死した将校の肖像写真と下士官以下の名簿も一緒に収められた。一級品の戦利品を天皇へ献上しそれを宮城内（つまり天皇のお膝元）に保管することで、日清戦争の勝利を国家・皇室として記憶し続けようとする意図があったと思われる。宮城内にこうした建物が建築されたことによって、天皇が常にそれを見て意識し国家の「偉業」ともいえる戦争を思い起こすという作用も考えられたのだろう。

また、戦死者の写真や名簿を保管することで、戦争の勝利に貢献しつつも亡くなった人々を皇室が記憶する意味もあったのではないだろうか。振天府に納められて天皇の側に置かれることで、戦争犠牲者は常に天皇の心に留められ、天皇から称えられることになったのである。その意味で、御府は靖国神社以上に、遺族と皇室を結びつける場になった。

その後、戦争ごとに御府が作られていく。義和団事件（北清事変）の時は懐遠府、日露戦争の時は建安府、シベリア出兵の時は惇明府、満州事変と上海事変の時は顕忠府が建設され、それぞれには戦利品と戦死者の写真・名簿が保管された。

ところで、御府は単なる戦利品の倉庫ではなく、戦利品が展示された陳列場のような空間であった（木下前掲論文）ことは重要である。つまり、保管するためだけの倉庫ではなく、見られることを前提とした空間として御府は建築された。宮城を拝観する人々のコースの一つになることが、当初から想定されていたといえるだろう。

御府拝観の資格

ただし振天府をはじめとする御府は、当初は一般には拝観が許されていなかったようである（『拝観録』）。一八九六年（明治二九）五月に板垣退助内相や在京の地方長官に拝観が許されて以降、基本的に拝観は「文武官其他特種の者」に限定されており、拝観の資格範囲なども宮内省内では特に定められなかった。そのため拝観の申し出があった場合、個々に対応して拝観を許可するかどうかを決めていた。例えば、一八九九年五月一一日には司法官会議に列席する地方裁判所長や検事正《けんじせい》が天皇に拝謁した際、大審院長・検事総長・各控訴院長らがその日に、地方裁判所長らは翌日に振天府の拝観が認められている（『明治天皇紀』一八九九年五月一一日条）。川瀬由希子によれば、振天府の拝観に関する記事がこの年になって急に増加するという。日露戦争に備えて軍備拡張要求が高まるなかで、振天府がマスメディアに登場することで日清戦争の戦勝の記憶を呼び起こし、軍備拡張増税への地ならしとなったのである（川瀬前掲論文）。ただし繰り返しになるが、この時はまだその拝観の資格範囲は限定されたものであった。

それが一九一一年になると、「特別の思召《おぼしめし》」として振天府拝観の資格範囲が定められ、各省へ通牒された。その資格とは、親任官《しんにんかん》・勅任官《ちょくにんかん》・華族（以上はその夫人も含む）、衆議院・貴族院議員、神仏各宗派管長、九等官以上、門跡寺院住職などである。このように、ある役職以上の拝観のみが認められたことになる。

またそれらに加えて、「卒業後将校、同相当となるべき陸海軍生徒」と「在郷軍人会員たる準士官以上の者」も振天府拝観の資格範囲に入れられた。振天府の性格が戦争（特に戦勝）を記憶するものであることから考えれば、前者はこれから軍事を担う生徒に戦争について教育するための空間として提供されたと見ることができるだろう。後者は、その戦争を実際に行ったり、これから地域で支えたりする人々である。つまり、戦争をこれから遂行するための教育機関としての役割を振天府に与えたのではないだろうか（なお、他の御府についても、振天府と同様の拝観資格であった）。

宮内省では、これらの拝観資格の範囲をそれ以後も緩和しようとした。おそらく、宮城拝観が拡大するなかで、宮内省は御府も同じように国民に開放し、天皇制の支持基盤獲得を目指そうとしたのだろう。一九二四年（大正一三）五月には官房・侍従職・侍従武官府の主任者が会合し、「戦病死者の遺族」と「教育者中、中小学校長」にまで拝観を許可すべきとの意見も出された。結局それは認められなかったものの、後者の教育者に関しては申し出ごとに拝観を許可するかどうかという方針に転換し、実際に拝観した教育者も多かった。ただし、宮城拝観のついでに御府を見学した者は、内部を拝観するわけではなく、建物の前を通過して外から見る程度であった。このように御府の拝観は、あくまでそれを目的としたものでないと許可されなかったと思われる。

そして、前者の「戦病死者の遺族」の拝観である。一九三二年（昭和七）四月、宮内省は戦病死者遺族の内一名（ただし同一戸籍内の妻、子、父母、祖父母、孫の遺家族に限定）の御府拝観を許可することを決定する。『拝観録』に「大正十三年よりの懸案なりしを茲《ここ》に始めて実現せられたるものなり」と記されるように、それは省内における継続した課題であった。それがこの時期に認められるようになった背景には、前年の一九三一年に満州事変が勃発し、対外戦争が戦間期に比べてより切実なものとなったからであろう。時期ははっきりしないが、先に掲げた『読売』からもわかるように、拝観資格の範囲はその後、傷痍軍人などにも拡大された。これも戦争に関係する人々である。

ここで興味深いのは、通常の宮城拝観が閉じられているなかで、御府拝観の範囲が拡大したことであろう。前述のように、宮城拝観の資格範囲には戦病死者遺家族や傷痍軍人も含まれていた。これは天皇を共産主義などによるテロリズムから防御するために閉じられてしまったが、宮内省は御府に限定した形で宮城拝観の復活を企図したともいえる。戦争に協力して亡くなった軍人たちの遺家族や傷痍軍人に対して御府の拝観を認めることは、天皇が彼らを特別視したことになり、天皇から恩恵が与えられたことになる。つまり、戦争で命を失った人々や傷ついた人々を天皇が顕彰することともいえる。

残された遺族や傷ついた人に対して特別に待遇し、それがマスメディアを通じて国民に伝えられることで、戦争への協力を促す効果があった。そのためにも、宮城拝観は閉じてしまったが、その一方で御府の拝観を拡大したのである。

御府拝観の実際

御府の拝観は、それぞれの御府ごとに一人一回に限定されており、一日に二府を併せて拝観することも許可されなかった（ただし一九三二年〈昭和七〉までは、懐遠府は建安府と同時に拝観することが求められた）。なお、一〇名以上の団体での拝観が原則であった。拝観時の服装は、制服のある者は通常礼服、その他は通常服・黒高帽・黒靴などと決められていた（『拝観録』）。これらの点は、宮城拝観とほぼ同様の規則である。

また、陸海軍に所属する者は侍従武官長宛に願い出の手続きをし、その他の者は侍従職もしくは宮内大臣宛に願い出の手続きをした後、侍従武官府との合議を経て拝観が許可された。そして御府の拝観は、内部の案内を侍従武官府が担当している。御府の概要については侍従武官長が、その他詳細については武官が説明を行った。これら手続き・拝観における説明からもわかるように、御府は侍従武官府が主に所管しており、陸海軍の影響力が強かったと見ることができるだろう。戦争へ国民の協力を得るために、陸海軍は御府の拝観にも積極的に関与したのである。

なお、振天府の拝観者には「菊の御紋」がついたタバコが、建安府の拝観者には明治天皇の御製などが下賜されている。そうした下賜品によって、過去の戦争における功労者への恩が天皇から示され、受け取った彼らは天皇とより結びついて新たな戦争へと協力していく仕組みが形成されていったのである。

戦時中の御府拝観

宮内庁書陵部宮内公文書館に所蔵されている「昭和十九、二十年度拝観録」には、この時期の御府拝観がどのように実施されていたのかが記されている。それによれば、この二年間で御府拝観は七回行われている。教学錬成所修錬生らが振天府（一九四四年〈昭和一九〉二月三日・三二名、九月一四日・五六名）、大東亜錬成院錬成官・院生らが顕忠府（二月一七日・六五名、一九四五年二月八日・五八名）、靖国神社合祀の対象となった遺家族が顕忠府（四月の六日間・約二万名、詳細は後述）、日本赤十字社総会参列者が顕忠府（五月一二日・一〇名）、学習院教授と高等科第二、三学年学生が建安府（九月一四日・一一三名）にそれぞれ拝観しており、戦時においても御府拝観は継続していたことがわかる。このうち、教学錬成所は国民精神文化研究所と国民錬成所が合併して設立された組織、大東亜錬成院は大東亜省職員・国策会社・中国関係の商社社員などの教育組織で、アジア・太平洋戦争時の思想をリードし、国策を担う人物を養成する機関であった。こうした組織の人々に御府を拝観させることで、これからの戦時政策を担う自覚を高めさせる意図があったものと考えられる。

戦争遺家族への御府拝観という側面では、四月に行われた靖国神社合祀の対象となった遺家族が顕忠府を拝観した事例が重要である（これについては、赤澤史朗『戦没者合祀と靖国神社』吉川弘文館、二〇一五年に詳しい）。この時期に行われる靖国神社の臨時大祭に上京・参列する遺家族に対し、宮内省は家族ごとに代表者一名の御府拝観を許可した。四月二一日から二七日まで六日間にわたって行われた拝観では、一班一〇〇名、二〇班を一群として全部で一〇群を編成し、群ごとに詳細なスケジュールをたてて拝観を実施した。約二万人もの遺家族が六日間で宮城内に入り御府を拝観することは、宮内省にとってかなり神経を使う行事であったと思われる。戦時中にこうした大規模な御府拝観が行われたことは、それだけ遺家族に対して天皇が恩恵を与えたことを示し、戦争協力へとつなげようとする意図があったのではないだろうか。

ただし敗戦色が次第に濃くなってくると、その遺家族の御府拝観も実施されなくなる。一〇月、陸軍大臣から宮内大臣に宛てられた書簡には、「大部の遺族上京せさるを以て差控へ候」との文言があり、空襲の危険性もあって遺家族が上京し臨時大祭へ参列することができなくなり、御府拝観も中止となった。遺家族を天皇に引き留めるツールとして使われた御府拝観も、戦局の悪化に伴って止めざるを得なかったのである。

戦時中の宮城

御府の拝観以外には閉じられてしまった宮城は、戦時中の大多数の国民にとっては遙拝《ようはい》する対象となった。国民は内地・外地・植民地を問わず、同時に宮城へ向かって遙拝をし、天皇への敬意を見せなければならなかった。それは、それまでの開かれた空間から、閉じた空間へそして聖なる空間へと宮城が変化したことを示しているだろう。国体的な天皇制が跋扈《ばっこ》したことを宮城という空間は表象していた。

大正期・昭和初期に宮城に集っていた国民は、原武史が指摘するように、その前庭である宮城前広場に入り、戦勝を祝う式典に出席し歓喜していた。天皇は時に二重橋に現れ、国民は広場からそれを見上げる。このように君民一体の国体が可視化され、宮城前広場は聖なる空間となっていった（原前掲書）。その間、宮城は御府拝観以外はほとんど閉じられており、国民には見えない、広場以上に聖なる空間であったといえる。

しかし、宮城にも次第に敗戦の影が忍び寄ってくる。アメリカ軍による本土爆撃は宮城をその標的とはしていなかったものの、一九四五年（昭和二〇）二月二五日に初めてその被害を受けることとなった。旧本丸一帯が焼夷弾の攻撃に見舞われ、女官部屋などが焼失した（中島前掲書・藤樫準二『千代田城』光文社、一九五八年など）。すでにその前から宮城への空襲の可能性は指摘されており、一九四一年からは突貫工事で天皇用の防空施設の建設が開始された（翌年七月工事終了）。それは地上一階・地下二階の施設で、「御文庫《おぶんこ》」と呼ばれた。御文庫は、地上は住居、地下一階が機械室、地下二階が防空壕となっており、屋根は空襲に備えて砂を乗せて厚さ三メートル、さらに偽装のために屋根の上に土を盛って草木が植えられ、数トンの爆弾にも耐えられるように設計されていた。天皇は空襲に備えて一九四四年一二月には御文庫に移り住んでおり、空襲による身体的な危険性はかなり軽減されていたといえる。

なお、大本営会議室などの防空用施設として、御文庫から約九〇メートル《メートル》離れた場所に、御文庫附属庫も建設された。一九四五年には、御文庫と御文庫附属庫を結ぶ地下通路も設けられた。御文庫附属庫では御前会議などが開催されている。戦後七〇年にあたる二〇一五年（平成二七）八月に、御文庫附属庫の映像や写真が公開された。

一九四五年五月二五日夜、宮城に本格的な空襲が及んだ。その夜、東京各地に焼夷弾が投下され、都内は火の海と化す。その火は勢いを失うことなく燃え続け、翌日夜中になると風に乗って宮殿に引火、またたく間に和風木造の宮殿は全焼してしまった。木造であるがゆえに、焼夷弾による攻撃にはもろかったといえるだろう。こうして明治期に建設された宮殿は、戦時下に焼失したのである。この後、焼失した宮殿の瓦礫は戦時下の混乱のなかで後片付けもされることなく、そのまま放置され、そして敗戦を迎えることとなる。

占領下の皇居

ナショナリズムの表象として

皇居勤労奉仕団の誕生

荒れた宮城をアピール

アジア・太平洋戦争に敗戦し、その後占領軍を迎えてからも日本社会は混乱状態にあった。空襲によって焼失した宮城宮殿も、宮内省内の混乱・人手不足もあって、その瓦礫はそのまま放置されていた。

空襲・焼失から半年経とうとする一九四五年（昭和二〇）一一月八日、宮内省は新聞記者を宮城内に入れ、その様子を彼らに見物させた。新聞各紙は翌日、「荘厳《そうごん》な宮殿今はなし」との見出しを掲げ、宮城の荒廃を伝えている（『朝日』四五年一一月九日）。そうした記事は『朝日』のような全国紙のみならず、『京都』などの地方紙などでも掲載されており、全国各地に広くその様子が伝わるように、多くの記者が宮城内の見学を許されたことがわかる。それはまた、戦時中は基本的には閉じていた宮城が、再び多くの国民の前に現れた瞬間であった。

そのなかから『朝日』に掲載された「戦災後の宮城拝観記」を見てみよう。記事は宮城宮殿が焼失し、「かつての荘厳な宮殿がいまは一目に入る広場と変わってゐるのだ」と評する。つまり、何も無くなってしまったというのである。また、焼け砕けた石が雑然と残っている様子も紹介する。つまり、焼失した宮城宮殿の片付けがなされていないことを印象づける記事なのである。また、「再建の議は当分御沙汰あらせられずと承る」と述べているように、こうした状況がしばらくは改善されないことも伝えている。『朝日』に限らず多くの新聞の記事はこのような論調で構成されており、宮内省が新聞記者を宮城内に入れたのは、こうした宮城の惨状を見せ、それを記事にさせることで国民にアピールするためではないかと推測できる。天皇の住居が国民と同様に荒廃していることを示すことは、天皇の戦争責任が追及されて天皇制廃止へと向かうのを食い止める効果になると考えられたのではないか。これは、敗戦後の天皇制とマスメディアの関係性（河西秀哉『「象徴天皇」の戦後史』講談社、二〇一〇年）を示す最初の記事となった。

一方で『朝日』の記事は、賢所《かしこどころ》には「戦災の模様は全く拝されぬ、承ればいさゝかの損害もあらせられなかった由である」と述べ、それを「御安泰」と表現しており興味深い。『京都』も「畏《かしこ》し賢所は御安泰」というタイトルを記事に掲げており、まったく同じ表現を使用している。こうした宮中祭祀に関係する場所が戦災にあっていなかったことで、天皇制の「伝統」を傷つけられなかったと考えたのではなかろうか。

この記事によって、宮城が荒廃している様子が国民に大きく知らされることとなった。それが皇居勤労奉仕団を誕生させ、それが定着していく契機ともなっていく。

皇居勤労奉仕団の端緒―みくに奉仕団

東《ひがし》久邇宮稔彦《くにのみやなるひこ》内閣の緒方竹虎《たけとら》国務大臣の秘書官であった長谷川峻《たかし》は、同内閣総辞職後、郷里の宮城県に帰っていた。彼は東京で宮城やその前の宮城前広場が荒廃している様子を目の当たりにしていた。同郷の先輩であった鈴木徳一も所用で東京へ立ち寄った折、宮城前広場が荒れ放題であったことを見て、宮城県に帰った後、長谷川とその様子を話し合った。彼らは長谷川の回想によれば、「皇居は三月の大空襲で焼けたままだと言うし、進駐軍がきたら威張りだす。国民は放心状態だろう。まあ、お百姓ができることといったら、一つ皇居の草でも刈ってね、草と瓦を片づけたらどうか、という話に自然になりましたよ」（岩見隆夫『陛下の御質問』毎日新聞社、一九九二年）という。ここで注意しておく必要があるのは、この回想やいくつかの本のなかでは、彼らが最初から宮城の清掃を思い立ったように述べられている点である。実際には、宮城前広場の清掃や濠の土手の草取りを長谷川らは思考していた。彼ら自身、最初から宮城内に自分たちが入ることができるとは想定していなかった。それだけ、戦時中に閉じられてしまった宮城は、国民にとって権威を持った空間になっていたといえる。後に最初から宮城清掃を思い立ったように回想しているのは、その感覚から身近な空間へと皇居に対する意識が変化したからではないだろうか。

長谷川や鈴木はまた、地元の青年が敗戦によって「放心状態」となっている状況を見ており、それを打破しなければならないと考えていた。彼らは宮城前広場の清掃によって国民に「何か精神的な基盤なり拠りどころを与え」、敗戦後の国家再建を目指そうとしたのである（日本教文社編『皇居を愛する人々―清掃奉仕の記録―』日本教文社、一九七八年）。宮城前広場の清掃が、敗戦による国民の精神的な混乱・荒廃の回復につながると思考したといえるだろう。国家の中心ともいえる宮城の前を清掃すれば、国家再建に向かう意識やナショナリズムが形成されると考えたのである。

長谷川・鈴木は緒方に相談して仲介を求めた後、宮内省の筧素彦《かけひもとひこ》大臣官房総務課長と面会して宮城前広場の清掃を申し出た（筧素彦『今上陛下と母宮貞明皇后』日本教文社、一九八七年）。『毎日新聞』の皇室記者であった藤樫準二《とがしじゅんじ》によれば、敗戦直後より、宮殿焼失を知った各地方の諸団体からは宮内省へ焼跡整理奉仕の願い出が相当数にのぼっていた。宮内省は食糧事情や予算などの関係からその申し出に対しては躊躇していたようであるが、食糧は持参の上での奉仕であることが長谷川らから提案され、各団体からの再三の申し出にもいずれ断れなくなると判断し、長谷川らの申し出を許可することになった（藤樫準二『われらの象徴民主天皇』愛育社、一九四六年）。筧自身も敗戦後の宮城周辺の荒廃状況について「まことに情けない有様」と感じており、木下道雄《みちお》侍従次長も宮城周辺が「占領軍将校の威圧下」にあって「昔のような、すがすがしい清らかなおもかげは、どこにもな」かったと後に回想していることから（木下道雄『皇室と国民』皇居外苑保存協会、一九六九年）、彼らもいずれは天皇の権威を回復させるためにも焼跡の片付けや清掃は必要だと考えていた。つまり宮内省側からも、長谷川らの奉仕の申し出は願ってもない出来事だったのである。

長谷川・鈴木の申し出に対し、宮内省側からは宮城前広場ではなく焼失した宮城宮殿の清掃が依頼された。宮内省内の人手不足を補う要員として、そのまま放置されていた宮殿の瓦礫を片付けることが求められたのである。彼らは地元の六〇名の青年男女を集めて「みくに奉仕団」を結成し、一九四五年（昭和二〇）一二月八日から四日間、片付けなどの清掃奉仕活動に従事した（高橋紘『象徴天皇』岩波書店、一九八七年）。みくに（御国）という名称や真珠湾攻撃と同じ日付で清掃奉仕を開始したことなどから、彼らのナショナルな意識を読み取ることができるだろう。

天皇と会ったことが伝えられる

この奉仕のことは期間中に天皇の耳にも入り、団員たちと会うことを希望してそれが実現した。その様子が新聞で報道されている（『朝日』四五年一二月一四日）。「天皇陛下と奉仕団　温かい慰労のお言葉お餅と鶏卵を御嘉納」とのタイトルが付けられたその記事は、「爆撃によって焼失した宮殿をはじめ宮城内の荒廃は畏《おそ》れ多い極みであるがこれを漏れきいた宮城県栗原郡の農民たちは、天子様の宮居がそんなに荒れ果てたまゝでは赤子《せきし》として申訳ない」とはじまる。「畏れ多い極み」「赤子として申訳ない」という表現からもわかるように、奉仕団員たちは天皇への権威を強く有しながら奉仕を行っていた。そこに天皇がやって来る。

第一日の八日、畏くも御所用で焼跡付近をお通り遊ばされた天皇陛下が、一心不乱に清掃作業に従事してゐる民草《たみくさ》の一行を御覧になると、奉仕現場に玉歩を進められ、

「よくやってくれる、御苦労である」との意味の御言葉を賜はった。思ひがけなく尊い御姿を御間近に拝したばかりか有難い御言葉をいたゞいた若き奉仕団の農民達は御仁慈深い御眼ざしのもと感涙にむせんだのであった。

天皇は自身の意思で団員に会い、声をかけたのだが、この記事では天皇はたまたま奉仕現場を通りかかった設定となっている。天皇が立ち去った後、今度は天皇のすすめに従って皇后が団員に会いに来て、「御慈愛にみちた御激励」をした。天皇皇后はともに彼らに戦災の状況や農作物の作柄などを聞いた。直接話したことで感激した奉仕団員は持って来ていた餅と鶏卵を天皇皇后に送ろうとし、天皇皇后はその「飾り気のない純朴な赤心《せきしん》をお喜びになり」受け取った。これが記事に書かれたエピソードである。

これは、「人間宣言」(翌年元旦に発表)がまだなされていない時期の出来事である。敗戦を迎えたとはいえ、国民のなかでの天皇は未だ「現御神」のままであった。その時期にあって、国民と天皇皇后が直接会い、そして直接会話を交わしたことは、戦前では考えられなかったといってもよい。前章の「戦前の皇居」で見たように、大正期も国民は宮城拝観はできたものの天皇皇后と会って話をすることはなかった。しかも昭和期に入り、国体論的な天皇制の跋扈《ばっこ》によって宮城は閉じており、国民にとって天皇は遠い存在だったはずである。この報道は、後の象徴天皇制へとつながる新しい天皇像を表象するものだった。

勤労奉仕の継続

このように、みくに奉仕団と天皇との接触の様子が新聞で報道されたことから、翌年以降も全国各地から奉仕希望者が現れ、その数は年々増加していく。これらは現在「皇居勤労奉仕団」と呼ばれ、今でも継続している。

『読売』の皇室記者であった小野昇《のぼる》の『人間天皇』（一洋社、一九四七年）には、開始から一九四六年（昭和二一）八月までに勤労奉仕に参加した九九団体がリスト化されている。それによれば東北・関東の団体が多いが、愛知や兵庫、大分などからも参加する団体があった。職業としては農業に従事していた団体（青年団）が多く、次いで学校の教員生徒が続いている。最初に勤労奉仕を行ったみくに奉仕団と同種の団体といえるだろう。小野はこれを「再建日本の原動力である農村の人人であり、年齢的に見れば次の次代を背負って立つ青年層である」と評価している。長谷川・鈴木の最初の意図のように、宮城の清掃奉仕が敗戦後の精神的

表２　皇居勤労奉仕団団体数・人数

年　度	団体数	人　数	男　性	女　性
1945	1	60	53	7
1946	188	10,467	6,681	3,786
1947	323	16,141	10,194	5,947
1948	435	17,948	11,123	6,825
1949	640	26,538	16,028	10,510
1950	655	24,387	11,196	13,191
1951	831	39,579	15,071	24,508

『皇居を愛する人々』より作成

な混乱・荒廃からの回復につながり、国家再建へと向かう意識やナショナリズムが形成されると考えられた結果、各地で農村の若者らが集められたのであろう。これは、宮城が日本の中心であるとの意識があったからこその思考ではないか。宮城を片付けることが、すなわち国家再建の第一歩になると考えられたのである。

天皇皇后はたびたび奉仕団員と会い、それぞれの地域の戦災状況や生活状態などの質問をした。小野前掲書によれば、九九団体のうち六八団体が天皇皇后両方に会っている。すべての奉仕団体に対し天皇皇后が会見するようになるのは、一九四七〜四八年ごろからである。皇居勤労奉仕は後述する一般参賀とともに、国民が天皇と直接接触できる機会ともなった。勤労奉仕は一般参賀以上に直接言葉を交わすという点で、国民が天皇との結びつきを実感する機会でもあった。

新しい天皇像を伝えるツールに

小野らマスメディアは、天皇皇后が質問する様子を「陛下と国民との間に今生まれつつある新しい、而《しか》も強靱な紐帯」と、国民と天皇との新たな関係として描いた。また、「「民主的」といふよりも「平民的」といふ方がより適切」という評価（小野前掲書）をし、いかに天皇・皇室が国民に近いかを強調していった。天皇が象徴と規定された日本国憲法は一九四六年（昭和二一）一一月

図５　天皇皇后からねぎらいの言葉を受ける奉仕団（『皇居のしをり』より）

三日に公布され、翌年五月三日より施行された。勤労奉仕における国民と天皇皇后との接触は、まさにこの新しく生まれ変わった象徴の内実を示す行為として伝えられていく。勤労奉仕をマスメディアが報じることで、親しみある天皇の姿が全国に流布していったのである。

ただしそれはマスメディアの力だけでない。そこには、積極的に国民と天皇との新たな関係をアピールしていこうとする宮内省の意図も見ることができる。一九四六年二月一四日、勤労奉仕を行う埼玉女子師範学校生徒に対して皇后が声をかけた様子を伝える記事（写真付き）が『朝日』に掲載された（四六年二月一四日）。これは、敗戦後の『朝日』に初めて掲載された国民と皇族との接触の風景を表した写真であった。この記事は『朝日』だけではなく、『読売』や『京都』においても写真付きで同日に掲載されている（『読売』『京都』同年二月一四日）。つまり、埼玉女子師範学校生徒と皇后の接触という出来事が、宮内省の意図にもとづいて記事にされ、全国的に掲載されたのではないかと推測できるのである。このように、宮内省とマスメディアの緊密ともいえる関係によって国民との接触の様相が伝えられ、それが新しい象徴天皇像として定着していくことになる。皇居勤労奉仕にはそのような効果があった。

勤労奉仕の実際

もう少し具体的に、勤労奉仕が実際にどのように実施されたのか見てみたい。ここでは石川県河北郡高松町（現在のかほく市）の高松青校奉仕団を例に挙げる（以下、特に注記がなければ『高松青年』二、一九四六年、国立国会図書館憲政資料室蔵『プランゲ文庫雑誌』所収。高松青年団発行）。奉仕団は河北郡青年教育研究会が主体となり、郡内青年学校から生徒教員が四七名集められて結成された。やはり長谷川・鈴木のような地域の指導者層が音頭を取り、青年層を集めて奉仕団が結成されていることがわかる。多くの団体がこのような形態を採っていたのではないだろうか。

高松青校奉仕団は一九四六年（昭和二一）六月一八日に金沢駅を出発し、翌朝東京駅に到着する。その後、「二重橋前でひれ伏し、陛下の御安泰を念じ丸の内一巡」した後、桜田門から宮城に入って宮内省職員の案内で宮城内の宿舎に入った。彼らが宮城を見た初めての感想は、「宮城構内の建物は吾々の想像して居た如き立派な御殿に非ず、焼木は山と積まれ土台石は其の儘昔日《まませきじつ》を偲《しの》ばせ見るも涙の種ならざるなし」というものだった。思っていた以上に質素であり、瓦礫がそのまま放置されていると認識したのである。

高松青校奉仕団は翌日より作業に入った。男性一班は麦の脱穀、男性二班と女性は除草やサツマイモの植え付けなどを行った。清掃ではなく、農作業に従事していたことがわかる。敗戦後の食糧難は宮中・宮内省内にも及んでいた。そのため、宮城内では焼跡を含めた土地に畑をつくり、作物を植えていた（田中徳「天皇陛下と宮城内の食生活」『にっぽん』九―八、一九四六年）。奉仕団員はその作業にも従事したのである。その後彼らは、犬丸《いぬまる》實《みのる》宮内省総務課長から講話を聞いて一日を終えた。

二日目は宮殿近くの焼木（枯木）を伐採・運搬する作業やサツマイモの植え付けなどを行った。そしてこの日に奉仕団員と天皇皇后との会見が実現する（彼らはこれを「感激の日」「泣いた日」「勿体《もったい》ない日」と表現している）。午前一一時四〇分、奉仕団員らは宮殿焼跡に整列して天皇皇后を迎えた。天皇皇后は大金益次郎《おおがねますじろう》侍従長・鈴木一《はじめ》侍従・女官と一緒にやって来て、奉仕団員の「親しく間近に、ほんとに間近にお成りになられ」た。この時、天皇皇后からは次のような質問があったという。

天皇陛下　一、勤労奉仕御苦労
　　　　　二、石川県のどこなの
　　　　　三、学校では重に《ママ》農業を研究して居るかね
　　　　　四、石川県の食糧事情はどうなの
皇后陛下　五、女子もそうですか（重ねて）
　　　　　六、女子も青年学校ですか
　　　　　七、女子も農業を研究して居るのですか
　　　　　八、縫物がありますか
天皇陛下　九、学校卒業後は地方の中堅青年として文化日本建設に努力して欲しい
侍従長　一、今は学校は休みかね
　　　　二、健康状態はどうか……隊員の健康は。……

天皇は奉仕団員にねぎらいの言葉をかけた後、質問している。天皇が国民に直接声をかけること自体が「民主化」された天皇像を表象する行為として捉えられたが、天皇が団員

の出身地に即した質問をし彼らの生活状況を心配することもまた、国民に身近な天皇として認識されることにつながった。皇后もまた特に女性に焦点を絞って質問しており、天皇を補完する役割を担っている。これも女性の団員にとって、皇后が身近な存在として捉えられるきっかけとなっただろう。団員たちは「御立ち去られになりし陛下の御姿くもりて見えず。勿体なさに、いとほしさに、たゞ泣けた」との感想を寄せている。二日目の最後は鈴木侍従が「陛下の御聖徳御日常の一端」を話し、団員たちはそれを聞いた。

翌日も同様の作業を行い、夜は宮内省職員を囲む座談会を開催している。四日目は赤坂離宮で奉仕を行い、これまでと同様に農作業に従事している。五日目は清掃奉仕を行った後、午後に宮城拝観が許可されて奉仕活動を終了した。拝観後に「君が代」を歌い、「両陛下の万歳奉唱」をしたという。団員たちにとっては感激の五日間であった。

勤労奉仕から国家再建へ

石川県に帰った高松青校奉仕団の指導者層は、天皇からかけられた最後の言葉「地方の中堅青年として文化日本建設に努力して欲しい」に応える必要があると考えた。そこで郡主催の青年教育大会などの行事を企画し、「新日本を背負って立つ青年の奮起」を期待したのである。つまり勤労奉仕は、天皇から励ましの言葉をもらうことで、国内の精神的な混乱・荒廃の回復を達成しようとする機会となったのである。

また、天皇の言葉のなかにある「文化日本」という概念は重要である。敗戦後、戦前の「軍事」とは対極にある価値観が求められた。それが「文化」や「平和」であった。それらの概念は日本国憲法にも組み込まれ、国家再建の理念として位置づけられた。まさに「新日本」（「新生日本」）のイデオロギーとなったのである。それが天皇の口から奉仕団員たちに伝えられた。それゆえ彼らは天皇とそれらの概念を結びつけていく。兵庫県警から勤労奉仕に参加した奉仕団員は次のように述べる。

今や人間天皇として……陛下をシンボルとして仰ぐところに日本の進むべき道のあることをはっきり銘づることが出来た。陛下あってこそ日本の黎明《れいめい》の訪れることを強く信じた……深い反省の下明日に希望を求めつゝ、平和な国家として文化の国として世界にその名に恥じざる《（ママ）》歩みを続けなければならない（『旭影』四八年一二月号、『プランゲ文庫雑誌』所収。兵庫県警発行）。

このように、奉仕団員は自分たちと天皇との接触の向こうに「平和な国家」「文化の国」（「文化平和国家」）という「新生日本」の新たな国家像を想起していった。勤労奉仕は国家再建の意識を生じさせ、「文化平和国家」建設を国民が目指す契機となったのである。

そして興味深いのは、勤労奉仕を行う彼らの思想のなかには、「文化平和国家」の中心に天皇がいたことである。国民は天皇を国家の中心と思考する戦前来の意識に、「文化平和国家」の表象という敗戦後の新たな意義づけをしていった。長野県皇居清掃奉仕団の団長であった中村勝《まさる》は「宮城勤労奉仕の意義」という文章のなかで、次のような意識を持ちながら勤労奉仕に参加していたと述べる。

天皇と国民とはもっと近づき、天皇及び天皇精神をよく国民は知る事が必要……国民真情の発露として……天皇の御思召《おぼしめし》を身に体験し心に味《あじわ》ひ、一如し異体同心し御心に直通して、始めて、天皇国民一体になり得られませう。而して真に、天皇の御心と我等の心とが融合一体することに此の勤労奉仕の意義がある……手を握り合って、融合一体する所に平和国家建設の礎石がある……新らしい天皇観を立て国家再建を各自の心に、誓はなければなりません（『文化』四八年八月一日、『プランゲ文庫新聞』所収。長野県更級《さらしな》郡篠ノ井《しののい》町の地域紙）。

このように、象徴として「民主化」された天皇は神格化された存在ではなく、国民との結びつきを重視する存在と見られ、より親近感をもってイメージされた。中村は勤労奉仕のように国民と天皇が直接接触して「一体」となることこそが、「新らしい天皇観」＝象徴天皇像の実践であると考えた。しかし「融合一体」という言葉に見られるように、戦前の強烈な国体論的天皇制イデオロギーが中村のなかには残存していたことも否めない。彼のなかではそうした思想と連続しつつも、国民と天皇が「一体」になるそのような関係こそが「新生日本」の新たな国家再建の基盤となり得たのである。

こうした意識は中村だけのものではない。「天皇制という香り高い歴史と伝統とは民族的にどうしても断ちきれない根強い愛着がひそんでいる」（『県政の窓』四九年五月号、『プランゲ文庫雑誌』所収。大分県庁発行）と、勤労奉仕のような直接的な結びつきを持った天皇こそが「歴史的伝統」への回帰だと認識されていった。このような「有りのまゝの本来の御姿に還った天皇」（『芙蓉』四七年九月号、『プランゲ文庫雑誌』所収。静岡県警発行）との結びつきや一体感を求め、天皇により近づこうとして国民は勤労奉仕に参加していったのである。

勤労奉仕の教育的効果

奉仕団員は宮城を直接見て「意外な宮殿の戦災に驚嘆の目を見は」（『文化』四九年七月一日）り、「宮殿を再建して差上げなければならない」（『文化』四八年八月一日）と考えるようになった。

こうした意識は、侍従が奉仕団の宿舎へ出かけ、天皇の清貧な日常生活ぶりや宮城の惨状について話をした結果生み出されたものでもあった。先の高松青校奉仕団の日程を見ていると、夜には必ずといってよいほど宮中・宮内省関係者の話を聞く機会があった。加藤進《すすむ》宮内府次官は国会でこの点について質問された際、これには「教育的な」意味はなく、ただ奉仕団に求められて皇室の話をするだけだと述べている（衆議院予算委員会第一分科会一九四八年六月二九日）。しかし、例えば木下侍従次長が「夜、埼玉女子師範生徒五〇名……内桜田門内宿舎に宿泊中なれば、これを訪問して一場の話を」（『側近日誌』文藝春秋、一九九〇年。一九四七年一二月一二日条）、入江相政《すけまさ》侍従が「六時から宮城県栗原郡みくに奉仕団の宿舎へ行って謹話」（『入江相政日記』朝日新聞社、一九九〇年。一九四八年一月二日条）するなど、侍従が奉仕団の宿舎に行って天皇の生活について話をすることが慣行化しており、必ずしも求められたから話をしているわけでもないようである。つまり、勤労奉仕の日程のなかにあらかじめ組み込まれたものであったのだろう。このなかでは天皇の日常生活が語られる。宮殿の瓦礫を目で見るだけではなく、奉仕団員は天皇側近から天皇の清貧な生活像を聞くことで、天皇が戦災にあったこと、そして国民生活を考えて生活しているとの印象をより強めていった。そこには一定の教育的意味や効果があった。

地元に帰った団員は地域のマスメディアや講演会に登場し、宮城の様子を地域に伝播させる役目を担っていく。一九四八年（昭和二三）にも勤労奉仕を行った高松青校奉仕団は、終了後「宮城構内勤労奉仕反省座談会」を地元の高松小学校で行った。その様子が『高松青年』五号に掲載されている。それによれば、「宮内省の方のお話しでは陛下は未だ暖いゆげの上ったものや焼たての秋刀魚等お召し上りになられないそうです」と、質素な生活を送る天皇像が印象づけられている。やはり侍従らの話には教育的な効果があった。こうした像を伝播させることにより、国民に身近な天皇像を印象づけて天皇制を存続させ象徴天皇制を定着させていこうとしたのだろう。勤労奉仕はそのツールとなったのである。

また、「昔の様でなくても御文庫《おぶんこ》でなしに、あたりまえの御座所をお建てして陛下がどう申されてもね、国民運動としてでも是非と思う」「対外的関係からももっと御立派なものにしておあげしたいね」というように、奉仕団員による口コミによって荒れ果てた宮城の様子が各地に伝わり、後述する皇居再建運動が起こる原動力となっていくのである。

なお、皇居勤労奉仕は現在でも行われている。連続する平日の四日間、皇居などで清掃や庭園作業などを行う。一五人から六〇人までの団体で、七、八月などは受け入れていないが、学生団体のみ考慮するようである。もちろん、奉仕団員には天皇皇后に会って話をするという機会がある。

遷都論と宮城移転論の登場

「城」であることの問題性

敗戦から二ヵ月後の一九四五年（昭和二〇）一〇月、昭和天皇の弟である高松宮は次のような考えを木下道雄《みちお》侍従次長に話している。高松宮は天皇制存続のために自ら動いていた。

国都のこと、皇城のこと、国土計画のこと。

国都については、奈良地方の御考えなり。少くとも、堀を廻らしたる城内に皇居あることを好ませられず（『側近日誌』一九四五年一〇月二九日条）。

高松宮は、奈良への遷都（おそらく後述する多くの論者と同様に、古代への回帰を想定したのだろう）を思考するとともに、天皇が堀によって守られている城のなかに住んでいることを危惧していた。彼は井下清《いのしたきよし》東京都公園課長と会った際にも、堀によって物理的にも精神的にも国民と天皇との距離が広がっているとの危機感を有しながら、「宮城から御所は御出ましを可とすべし」と述べて、天皇の住居を現在の場所から移転させることを主張したのである。(『高松宮日記』八、中央公論新社、一九九七年。一九四五年一一月三日条)。それを聞いた井下は、宮城が現在地から移転したら「都市計画上も非常によくなろう」「江戸城あとは公共の最高建物、教育館等をつくるを可とすべし」と語っている。東京都の井下がこう述べた意味については、後述したい。

高松宮の弟である三笠宮も「宮城が城と呼ばれ濠を周らすことにつき……御心配」(『側近日誌』一九四六年一月二二日条) しており、高松宮と同様に天皇の住居が城のなかにあることを憂慮していた。天皇制維持のためには、「民主化」したことを表象させる必要があった。国民と天皇を近づけるためにも、隔てと見える堀を両者の間に存在させなくしようとした結果、彼らは天皇の住居の移転を提起したと考えられる。三笠宮は日本国憲法が施行された一九四八年五月三日にも、京都の地域紙である『都新聞』のインタビューで次のような意見を披露している。

宮城の奥深くには現在なお旧套《きゅうとう》を脱しきれない……陛下の御生活のごとき、今となってしまっては思い切った改革は困難であろうが、あの濠をめぐらした昔ながらの御所の中に、いつまであゝして居られねばならないのか……私は陛下が宮城の外に私たちと同じような私邸を持たれたらいゝと思う、御本人の気持が明るくなるばかりか、国民の気持も朗《ほがら》かになるにちがいない、番人や役人の多い大げさな御門を通って、奥深い御所をお訪ねするたびに私は何か圧迫を感じる、私でさえこんな気持になるのだから、一般の人々はさらに重苦しいものがあろう……宮城外に私邸をという私の意見は、こうしたところから出ているのだ（『都新聞』四八年五月四日）

三笠宮はここで、天皇が公式的な行事・儀式を行う空間は現在の位置にあったとしても、城のなかに住むのではなく外に私邸を持って、現在の空間に通うべきだと主張している。天皇が城のなかから離れることで国民との距離が接近し、象徴という日本国憲法の精神に適合した天皇像へと変化することができると彼は見ていたのである。城の堀を物理的な隔てとしてだけではなく、心理的な隔てとしても捉えていたといえるだろう。三笠宮の主張は、天皇制が新たに生まれ変わったことを表象する空間の形成を目指し、それによって象徴天皇像の内実を伴わせようとするものだった。

遷都や宮城移転を支持する意識は皇族だけではなかった。宮中・宮内省でも具体的な内容は不明だが、鈴木一《はじめ》内匠頭《たくみのかみ》が宮内省事務調査会において遷都論を提案し、木下侍従次長はそれに対して「研究に価するものなり」と評価している（『側近日誌』一九四五年一一月二六日条）。また、木下は加藤進《すすむ》宮内次官とも「宮城に御住居なることは経費を要する事多きをもって、赤坂離宮にては如何」と話し合っていた（同年一二月八日条）。このことから、宮中・宮内省のなかで遷都論や宮城移転論が現実性をもって捉えられていたことがわかる。

遷都論・宮城移転論の広がり

GHQ民間情報教育局（CIE）局長のケン・ダイクも「政治に遠ざかる意味で」京都への遷都を考えており（同年一二月三〇日条）、GHQ内部にも遷都論が存在していた（ただし、遷都論・移転論にGHQからの指導や圧力があった形跡は見られない。あくまでも宮中・宮内省内での自主的な検討と思われる）。これらの提起が、天皇の住居が東京の旧江戸城にあることに固執していないことは注目すべきであろう。宮城がその空間になければならないことの意味は、そこには存在していない。その権威性が揺らいでいるといえるのではないか。

京都への遷都論

こうした遷都論・宮城移転論は民間においても主張された。大正デモクラシー期に名古屋で民本主義を主導した『中日』の小林橘川《きっせん》（後の名古屋市長）は、「日本歴史の断層」というタイトルの文章のなかで、歴史を振り返りながら今後の日本の進むべき道を提唱し、その結論で「京都還都が先決問題」と提起している（『中日』四六年一月一〇日）。小林によれば、敗戦後の改革は「第二の国生み」であり、それが開始される前には最も賢明かつ大胆な政治的操作が実行されなければならないという。それこそが京都への遷都だった。彼によれば、京都は「長い歴史を有する美《うる》はしく、静かなる古都」であり、そこへの遷都は「好ましく平和なこと」である。戦災した東京は近代的な姿として復興するのではなく、「日本のハツラツたる清新な元気」が発揮できるように緑あふれる武蔵野への還元を目指し、京都に皇都（帝都）を移して政治的中心都市である東京と分離していかなければならないと主張した。歴史を見れば、新しい日本を創建するためには民心を一新する必要があり、遷都はその手段として利用されてきた。今こそその機会だと小林は強調するのである。それは、「新生日本」のスタートを明確化させるための遷都論であるとともに、敗戦を招いた近代との断絶を強調するためのものでもあった。東京を武蔵野にしようとする構想も、三〇〇年前の江戸のような都市景観にすることとで、近代以前への回帰を目指すものであったといえる。

こうした思考は同時期に他にも発表された。みくに奉仕団に記録係として同行した木村毅《き》早稲田大学教授は、「遷都して東京を去り、ふたゝび京都にお帰り遊ばされる事を以て更始一新《こうしいっしん》の第一歩とする……遷都はこれが懺悔《ざんげ》を世界に向かってなすといふ意味で断行す」べきと投書している（『朝日』四六年一月一八日）。木村は明治維新期の大久保利通《としみち》『遷都之儀』を引用して、東京奠都《てんと》は「積弊一掃《せきへいいっそう》」して神から人間へ天皇を戻す意味があったのだが、いつの間にか官僚などが天皇を「現御神」にしてしまったとの歴史解釈を示す。そして天皇を「再び元に還す」ため、東京から京都への遷都を彼は主張した。木村がこのように歴史を示して主張するのは、彼が明治文化研究会に属して明治の歴史を研究していたからである。そして彼のなかには、大日本帝国憲法制定後の近代天皇制を批判的に見て、それ以前の姿に立ち返るべきだとの認識があった。遷都をすることで近代の「積弊」を「一掃」するとともに、天皇が戦争責任（「懺悔」）を取ったことを内外に示し、近代天皇制との遮断を図ろうとする試み（「更始一新」）でもあったといえるだろう。

象徴天皇制擁護のなかで

こうした遷都論・宮城移転論は、天皇制の本質が古代にあることを説く象徴天皇制擁護論とも重なり合った。国民と天皇はもともと強い結びつきがあった、象徴天皇制こそ歴史的回帰・本質であったという考え方である。文芸評論家であった亀井勝一郎《かついちろう》は日本国憲法公布直前、次のような遷都論を主張している。

天皇は、古《いにしえ》の飛鳥京、あるひは京都に遷都されるべきである。明治天皇を幕府の遺構たる江戸城にお迎へしたのが既に誤りであった。天皇は政治の地より離れ古典の地に在して、我が美と信仰のなつかしい思ひ出として御存在あそばさるべきである……更に古の大和の地に在して、諸々の尊き遺品遺地を擁らせ（ママ）られ、飛鳥の里の辺りに、古さながらの相聞歌を詠ぜられんことを。嘗《かつ》てありし日の天皇のごとく、自由なる人間として、美と信仰の現《うつつ》に在す古典的存在として、民の親愛を受け給はんことを（亀井勝一郎『陛下に捧ぐる書翰』十一組出版部、一九四七年。後に『亀井勝一郎全集』一五、講談社、一九七一年に収録）。

伝統的な日本への回帰を思考していた亀井らしい遷都論であろう。亀井は日本国憲法で規定された象徴こそ、本来の天皇制の姿に回帰したものと捉えて評価した。近代天皇制は政治権力に天皇が「利用」されたものであると批判し、「古」の天皇制こそが理想形であると亀井は考えた。「古」の文化的な天皇こそ「自由なる人間」であり、国民からの「親愛を受け」る存在であったと思考した亀井は、天皇を政治から切り離して文化的な存在とするため、「古」の都である飛鳥や京都への遷都を主張したのである。これは近代との明確な断絶を示すための遷都論であった。

赤坂離宮への移転論

こうした意見に対して『時事新報』記者であった後藤武男は、「東京を依然として日本の首都たらしめ政治、経済、文化の中心として戦災後の新生再興を期するならば、「天皇」が東京にいますことは決して無意義なことではあるまい」と反論した（『朝日』四六年二月一八日）。後藤は「現在の宮城を東京の「二重橋公園」として開放し、又新しい史蹟として国民に展覧させることを最も適当」だと述べる。この意見は、その後の中央公園化構想や皇居開放につながる意識である。そのため戦災で焼失した宮殿は「再建を中止して史蹟として保存」し、「「われらの陛下」を赤坂離宮に御転居を御願ひして……国民に親しましめ陛下の御姿や皇后陛下の玉容をバルコニーに拝することが出来るやうにしたら国民の欣喜《きんき》是に過ぐるものはあるまい」と、赤坂離宮への宮城移転論とそこでの国民と天皇との接触を主張した。

後藤は一九二一年(大正一〇)の裕仁《ひろひと》皇太子訪欧時に同行した記者であり、その時に裕仁と接触した経験から、彼の気持ちを代弁するかのように移転論を主張している。皇太子は外遊で見学した諸侯の「小さい住居」を心に「深く深く刻」み、関東大震災後にそのような住居を望んだがかなわなかった。今こそそうした大正期に裕仁が欧州から持ち帰ろうとした「開かれた皇室像」を展開すべきだと後藤は主張する。遷都ではなく宮城移転論を後藤が主張した背景には、国家の表象である天皇を政治・経済・文化の中心地である東京に置くことこそ「新生日本」の出発には不可欠だと後藤が考えたからである。その点は小林・木村・亀井とは異なる。一方で後藤の論の根底には、宮城が現在の空間になければならないという認識はなく、国民との結びつきのためには移転してもかまわないという意識が存在している。宮城の空間的な意味は敗戦直後、揺れが生じていたといえるだろう。

「皇居御移転の議」

赤坂離宮への宮城移転論は後藤だけではなく、他の論者からも提唱されている。『読売』で編集局長などを務めた作家の上司《かみつかさ》小剣《しょうけん》は「皇居御移転の議」という文章を発表している(『生活と文化』四六年五月号、『プランゲ文庫雑誌』所収)。そのなかで上司は、焼失した宮殿を再建しようとすると巨額の費用と負担がかかることから、この際移転させた方が望ましいと主張している。その移転先が赤坂離宮であった。赤坂離宮が日本における西洋風の代表作で宮殿としてふさわしく、明治天皇が仮皇居として住んでいた実績があったからである。

上司はまた後藤と同様に、現在の宮城を公園として開放するよう提案した。旧本丸付近などを東京都に払い下げて広大な中央公園として整備すること、宮中三殿なども一般の参拝が許されるようにすること、紅葉山《もみじやま》文庫などを公開の図書館にすること、また場合によっては宮内省庁舎を都庁として利用することなどをあげている。こうした思考の背景には、国民と天皇を身近に感じさせる意図もあっただろうと思われる。上司は「日本にも、ゆくゆくは、従来英国やドイツあたりに行はれたやうに、宮廷の御生活に差し支へのない範囲で、宮殿或は庭園の一般拝観を、或る条件のもとに行ふやうな習慣を作られたいものである」と述べ、新宮殿となる赤坂離宮での国民と天皇との接触を期待していた。これも後藤と同様の意見であった。上司は戦前の宮城拝観の範囲が一定の者に限定されていたと認識しており、そうした「官僚的規則」「愚にもつかぬ詮議」ではない公開を求めたのである。

宮中・宮内省における検討

先の後藤の投書については天皇も読んだようで、「宮城を放棄せられ、砧《きぬた》又は白金《しろかね》の御料地に御移居の御考え」を木下侍従次長に話している（『側近日誌』一九四六年一月二八日条）。翌日にも「砧なり或は他の土地に皇居を定めらるる場合の殿邸の広さにつき御心配」を天皇は述べた（同年一月二八日条）。天皇も後藤の意見を受け入れ、宮城移転を考えはじめていたといえるだろう。砧・白金案は広さの問題もあってすぐに不可能と判断されたが、天皇の意向を受けて宮中においても遷都・宮城移転に関する具体的な検討が行われた。この検討の結果が、木下の『側近日誌』に文書の形で記されている。それによれば、赤坂離宮は「対空防備力の薄弱」などが、京都御所は「政治上の不連絡」などが大きな理由となり、「結局宮城を皇居と定めざるを得ず」との結論が出された（同年一月三〇日条）。警備上の問題や政治との関係から現在地にとどまざるを得ないとの決定であった。この決定では天皇と政治との結びつきには考慮されたが、必ず現在の空間に天皇の住居がなければならないという積極的な意識はここにもなかった。

そしてこの文書では城のなかに天皇の住居があることに関して、「本丸を開放して皇居が濠を廻らす城の感を減ず」と、次節で詳しく述べるような旧本丸の開放が強く意識されていることは注目される。一連の遷都・宮城移転をめぐる動きは、国民と天皇との距離感をいかに短くし、結びつきを強めていくかということが念頭に置かれながら進行していた。天皇はその後も後藤の案に対し、「赤坂のバルコニーと門とは長距離につき、かえって二重橋の方が近い。この事は折にふれて知らせるがよい」と評価しており、国民との接触の空間を考慮していたことをうかがわせる（同年二月一八日条）。

様々な理由から遷都・宮城移転は実現しなかったが、ここで構想された考え方によって、宮城を開放していこうとする力が強くなっていく。

開放される宮城・皇居

宮城を開放していこうとする動きは、敗戦直後からあった。これについては、森暢平「皇居開放と再建（上）」（『成城文藝』二一四、二〇一一年）が詳しい。ここでは森論文に依拠しながら、それについて見ておきたい。

東京都の宮城内道路計画

東京都は敗戦後、積極的に復興都市計画を策定していた。これが宮城開放と関係があった。先に紹介したように、一九四五年（昭和二〇）一一月に高松宮から宮城移転・遷都論を聞いた井下清《いのしたきよし》東京都公園課長は、「都市計画上も非常によくならう」と述べ、その跡地に「公共の最高建物、教育館等」を建設することを主張した。この井上の発言からは、彼ら東京都の関係者にとって宮城は都市計画上、ある種の障害であったことが推測される。宮城が都市の中心地にあるがゆえに阻害されていた都市計画を、東京都は戦災復興のなかで実施しようとした。先述した後藤武男や上司小剣《かみつかさしょうけん》が宮城の公園としての開放を主張したのは、こうした都市計画という潮流のなかから想起された意見とも位置づけることができるだろう。

東京都は一九四六年三月ごろから主要な復興都市計画を決定していく。そのなかでは、乾門《いぬいもん》から宮内省庁舎に向かう乾通りを坂下門と内桜田門（桔梗門《ききょうもん》）の中間に直結して東京駅に向かって抜ける、つまり宮城のなかに道路を通すような計画を決定していた。石川栄耀《ひであき》東京都都市計画課長はこの計画について、「車が現在竹橋の方を廻りまして、大きく迂回して東京駅に参るのでありますが、それを直結致しまして、新宿方面から東京駅に参りますのに、或は此処から東京駅の裏の方に参りますのに極めて便利になります」と説明している（「第四十三回都市計画東京地方委員会議事録速記録」東京都情報公開条例開示文書）。新宿方面から東京駅へ行くためには宮城があるゆえに迂回しなければならない状況を打開するために、宮城内に道路を通すというのである。この二つの地点を移動するためには宮城に沿った道を回らなければならなかったため、渋滞が問題化していた。道路整備・都市計画にあたって東京都は、宮城があるために不便さを感じていたのである。

それとともに、この宮城のなかに道路を通すような計画は、旧本丸の宮城からの分離という側面も存在していた（森前掲論文）。この時期、天皇の「深い思召《おぼしめし》」によって「旧本丸の一帯が開放せられ」る見通しが報道されていた（『佐賀新聞』四六年二月一九日）。宮内省は旧本丸を分離することで天皇制の「民主化」を示そうとしていた。「江戸城の本城たる旧本丸を宮城から切り離し」、旧本丸を「都心の保健施設として完成維持する」との宮内省の動きに東京都も連携し、旧本丸を宮城から分離するために乾通りの道路を計画したと思われる。東京都の都市計画通りの道路ができればちょうど旧本丸とその他の宮城部分の間となり、旧本丸は宮城から分離される。このように、宮内省の思惑と東京都の構想が一致し、宮城内に道路を通す都市計画へと結実したのである。

旧本丸の開放

敗戦後のＧＨＱによる皇室財産解体の動きによって、一九四七年（昭和二二）四月には全国の多くの御料地が国に物納されることになった。宮城前広場などが大蔵省に移管され国の財産となったが、同時に旧本丸約一〇万五〇〇〇坪のうち約七万坪も物納された。旧本丸の約三分の二が皇室の管理から分離したのである。

これより前、与野党の政治家や文化人が発起人となって発足した日本社会文化協会は、旧本丸に「単なる緑地帯、公園としてではなく」、国立の劇場・美術館・音楽堂を建設し、「文化国家日本の象徴」とする構想を発表した（『朝日』四七年三月二六日）。この協会は、旧本丸が物納されることを契機として、この場所を「文化平和国家」の中心地に据えるための施設の建設を求めていたのである。また同時期、旧本丸の馬場が国際乗馬クラブに開放され（『読売』同年四月一五日）、テニスコートも設置された（『読売』同年一〇月二九日）。こうした状況は「宮城内に庭球コート」というタイトルで報道され、まるで宮城全体が開放された（実際はそのうちの国に物納された旧本丸部分）ような印象を国民に与えていくことにもなる。

継続する開放構想

ところがその旧本丸の開放がその後進展しなくなる。内親王の住む呉竹寮《くれたけりょう》が旧本丸（この部分は国に物納されていない）にあり、それが旧本丸全体の開放に障害となったからである（森前掲論文）。また、そうした問題から天皇も開放に積極的ではなかった。一九四八年（昭和二三）ごろになると結果として、旧本丸は皇居前広場のように整備されて「国民公園」として開放されることなくそのまま放置され、一般の国民が自由に出入りすることもできない状況になっていく。

しかし、一度は旧本丸を開放する流れが進行したため、東京都の都市計画担当者もマスメディアもその方向性を維持しようとした。例えば「皇居中心に大中央公園／わが国最高の文化施設と競技場」とのタイトルを掲げた次の記事がその典型である。

皇居を中心としたセントラル・パーク（中央公園）設置計画案が都と建設省の間で進められている、予定されている区域は皇居本丸跡から外えん、外ぼりから日比谷公園を含めた四十七万坪で文化日本の公園にふさわしい文化公園としてわが国最高の文化施設と国際観光設備をもたせようというもの……施設としては本丸跡の雅楽殿付近に博物館、図書館、美術館などを設け……さらに将来許されゝば現在の皇居の一部を開放してもらい、二重橋を渡り内エンの森林地帯を通り半蔵門に出るコースも考えている（『徳島民報』四九年一月三日）。

このように、旧日本丸を中心に公園として整備し、首都東京の中央公園とするプランがあったことがうかがえる。また先述した日本社会文化協会の構想と同様に、その空間に文化的諸施設を建設し、「文化平和国家」の表象としようとしていた。旧本丸の開放を想定し、それにもとづいた都市計画を実行しようとする動向が、開放に歯止めをかける実際の動きに反して起こっていたのである。そしてこうした意見に、象徴となった天皇は国民との接触が必要であるとの思考に結びついていく。

皇居の広さはまだ卅万余坪ありロンドンのバッキンガム宮殿が民衆の家と隣接し、赤坂離宮の広さしかないこと、パリ市民の公園になっているチュイレリの宮殿跡も日比谷公園の二倍半程度であることを考え合せ、いまの皇居を中心に国際的公園を建設して公園の中に天皇ご一家がお住いになり人間としての天皇が国民に親しく接せられるような楽しい環境を建設しようとするもので、実現すれば江戸城として封建主義の形骸をそのまゝ残していた皇居も、ほんとうに民主日本の〝象徴〟となるわけである

（『読売』四九年一二月一八日夕刊）。

この記事は、中央公園として整備された皇居に天皇が住むことで、国民と普段から接触できると主張している。そうした状況こそが象徴としてふさわしい行為であると論じ、皇居の中央公園の構想を提案する。記事では先述した東京都の都市計画と同様に、乾通りを坂下門と内桜田門（桔梗門）の中間に直結して東京駅に向かって抜ける道路の建設についても書かれており、こうした構想が根強く残っていたことをうかがわせる。

このように、旧本丸を中心として皇居を開放しようとする意識はその後も残った。一九五一年には「宮城地下にビジネス・センター」と題する記事が掲載されている（『丸』五一年六月号）。それは、皇居の地下にビジネスセンターを建設し、地下鉄と地下道路も通

すという計画である。ここからは、皇居を迂回する電車・道路を何とかしたいという都市計画者の意図が見えてくる。

また翌年には、「宮城を公園にしたら」という記事が掲載されている（『丸』五二年三月号）。そのなかでは、「天皇の生活に国民が親しみを感じるような雰囲気をつくり出す」ために、皇居を他に移転させて現在の皇居を公園化する案（ただし天皇の国際的儀礼を行う場所だけは現在地に残す）が提起された。それに対して寄せられた著名人の意見では、安井誠一郎東京都知事は「国の政策が、皇居というものをより以上荘厳《そうごん》なものにしようと努めて」おり、開放は「不適当」といい切った（これまで述べてきたような東京都の都市計画者と意見が異なるのは、天皇・宮内庁が開放に消極的な姿勢を安井が目の当たりにしていたからではないだろうか）のに対し、洋画家の赤松俊子《としこ》と詩人の壺井繁治《つぼいしげじ》が皇居を開放して、美術館・博物館などの文化施設を建設することを提案している。彼らの意見は敗戦後から継続するこうした意見が根強かったことをうかがわせるだろう。こうした構想は、皇居をより開放しようとする後の動きの前段階となった。それについては章を改めて後述したい。

宮城から皇居へ

敗戦直後に高松宮が城のなかに天皇が住んでいることを懸念していたように、また中央公園の構想を示した『読売』の記事でも書かれているように、宮城が城であることは国民と天皇との物理的・精神的な隔てと捉えられた。そして次第に、城という言葉が付く宮城という名称も問題視されていくことになる。

先述した旧本丸を宮城から切り離す案が出ていた時も、「宮城の名称も平和的な御所を皇居等に改め城郭の感じを除去する」（『佐賀新聞』四六年二月一九日）と記事では記されていた。「文化平和国家」として再出発しようとしていた「新生日本」にとって、「宮城なる武家式城郭の調子ある文字をさけ、皇室本然の姿を表現する平和的名称を定むべきである」との請願も国会に提出され採択された（小野昇『天皇の素顔』双英書房、一九四九年）。前章で述べたように一九三九年（昭和一四）に「宮城遙拝《ようはい》」か「皇居遙拝」か問題になったとき、宮城には「権威主義的な覇者の居城を意味する城」という漢字が使用されているという意見があった。そうした意味合いがあるゆえに、敗戦後に大きな問題となったのである。

城という言葉からは武家イメージが連想され、それゆえに軍事から平和概念へと移行しようとする「新生日本」にはふさわしくないと考えられた。日本国憲法制定によって象徴へと変化した天皇が武をイメージさせる空間に居住することは、国内外に天皇が実質的には変化していないことを想起させ、戦争責任を追及されることにもつながる。興味深いのは、先の請願がいうように「皇室本然の姿を表現する平和的名称」として宮城ではなく皇居が選択された点にある。象徴天皇制が歴史的な回帰と捉えられたように、皇居という名称への変更も「皇室本然の姿」への回帰であり、これは「文化平和国家」の表象として象徴天皇が据えられていくなかでの措置であった。こうして「皇居を宮城と称する告示はこれを廃止する」との宮内府告示が出され、一九四八年七月一日には宮城から皇居へと公式の呼称が変更となった。以後、本書では便宜的に皇居と統一しておきたい。

ただし、「公式の称呼としては皇居ということにし、国民は皇居を指して、場合により、また個人の考えにより皇居、御所、その他いずれの名称を使用することも自由にした方がよいと思う」と、必ず皇居と呼ばなくてはならないとは宮内府は考えていなかった（小野前掲書）。それゆえ、これ以後も宮城という言葉もマスメディアや国民のなかで平行して使われていく。これは、国民の天皇への意識を戦前から敗戦後へと連続させることにもつながったのではないだろうか。

拝観の復活

敗戦後、皇居の拝観が復活する。その端緒は、管見の限りでは一九四七年（昭和二二）一二月二二日に実施された全国地方議会の幹事議長会六〇名による拝観である（宮内庁書陵部宮内公文書館蔵「自昭和二二年至昭和二三年　拝観録」）。東京都議会議長より願い出があり、宮内省はそれを許可した。この時は坂下門から宮殿焼跡をめぐり、宮内省庁舎前などを経て旧江戸城本丸をめぐり再び庁舎前から坂下門へと至るコースが設定されている。これはおそらく、大正期の拝観の経験を知っていた議長会が上京したことを契機に、拝観を願い出たものと推測される。宮内省はそれまでの拝観資格範囲と彼らが合致していたからであろう、その願い出を許可し拝観が復活した。宮殿は戦災で焼けていたが、その焼跡まで見学コースに組み込んだ。これによって皇居の惨状がより広範に伝わっていき、後述する皇居再建運動を展開させる要因になったのではないだろうか。

翌年以降も、皇居の拝観は三七団体（例えば運輸省鉄道総局技官・司法修習生・町村会議員・教育委員・新聞社幹部社員など）に認められていく（「自昭和二二年至昭和二三年　拝観録」）。このうち天皇と面会したのは三団体である。一九四八年九月一八日に皇居を拝観した警察大学校生ら二六五名はその途中で天皇に「拝謁」する機会を得て、最後に入江相政《すけまさ》侍従から天皇の日常生活についての話を聞いて拝観を終えている。彼らは今後国家的任務を担うがゆえに拝観が許可されたのである。

このように、この時期からかなり限定された形で皇居の拝観がなされていくようになる。

限定という形式は、大正期の拝観を踏襲したからだろうか。拝観は基本的に団体に限定されており、宮内省は許可を与えるときもわざわざ「一般に対しては許可しておりませんから念のため」という文言を加えている（「自昭和二二年至昭和二三年　拝観録」）。このように、許可が特別であることを強調するのである。

では拝観の資格はどのようなものであったのか。第一は戦争遺家族の団体である。この時期、勤労奉仕に各地の遺族会からの申込みが増加しており（藤樫準二『われらの象徴民主天皇』愛育社、一九四九年）、これに対応する意味もあったと思われる。そしてより重要なのは、戦時中ならば御府《ぎょふ》の拝観を許可して戦死遺家族を慰めることができたが、敗戦後はそうした軍事を想起させる施設が利用できなかったことである。そのため、戦争遺家族に皇居の拝観が認められることで、天皇からの特別の「思召」が戦争遺家族に与えられたことを示す必要があった。御府の拝観によって戦争遺家族を特別視する仕組みは、敗戦後は皇居の拝観へと受けつがれたといえるだろう。遺家族と天皇の特別な接触は敗戦後も継続したのである。

資格の第二は、前述のように公務員団体である。例えば、警察官の団体などがその対象となっており、一九四九年三月に新警察法施行一周年を記念して公安委員連合大会が開催された際、その参加者が皇居を参観する機会が与えられた（横内豊「天顔《てんがん》に咫尺《しせき》して」『山峡』四―五、一九四九年、『プランゲ文庫雑誌』所収。国家地方警察山梨県本部警務部教養課発行）。この時、彼らは天皇との面会も許され、「終戦後の国家治安こそ洵《まこと》に重大であり、確《しっか》りと守って欲しい」との言葉をかけられた。その後、一行は皇居内を参観した。彼らは、天皇に声をかけられて皇居を見ることで、「国家治安の維持」に強い使命を感じていく。自身が国家再建の役割を担っていることを自覚するのである。こうして、公務員団体への参観許可は、大正期の拝観と同様の効果をもたらしていくことになる。

ただし、すべての団体に皇居の拝観を許可していたわけではない。一九四七年七月に埼玉県知事より埼玉県軍政部司令官などの拝観の願い出が出されたが、宮内省はそれを拒否した（「自昭和二二年至昭和二三年　拝観録」）。それによれば、拝観は「正式には一般に許可しない方針である」、「外人の希望に対しては已むを得ず面会の形式でその希望を満たして居る」とあり、大正期の拝観基準に照らしあわせて拝観許可の判断をしていたのではないだろうか。

このように、後述する新年や天皇誕生日の参賀のみならず、日常においても皇居は開放されることとなった。それは、大正期や戦時期の拝観の復活であった。ただしそれゆえに、拝観の資格は限定されたのである。そのため、こうした拝観のスタイルは新しくなった象徴天皇制には合わなかったと思われる。なぜなら閉じている印象を与えるからである。それゆえ、こうした拝観はマスメディアにもほとんど登場せず、国民に浸透していなかった。そのためこの後、参観許可の範囲をより拡大していこうとする動きが見られるようになる。それについては後述したい。なお、拝観という言葉は次第に参観へと変化していく。これはおそらく、象徴天皇制にふさわしい文言に変更されたものへと考えられる。以後、本書では基本的には参観で統一する。

一般参賀のはじまり

一九四八年（昭和二三）一月より、宮中の新年拝賀に合わせて、一、二日の両日に一般の国民も二重橋を渡って記帳ができる場所が正門内広場に設けられることとなった（『読売』四七年一二月二五日）。一般の国民の参賀のために二重橋が開放され、皇居内に国民が入ることが許されたのである。これは、「日本国憲法施行後には国民一般から等しく参賀を受けるべきであるとして、未成年者を除き参賀者の資格を廃したこと」からはじまったという（『昭和天皇実録』一九四八年一月一日条）。『読売』はこの時の様子を、「拝賀の人波に賑う宮城」とのタイトルを付けて集まった参賀者を撮影した写真付きで報じている（『読売』四八年一月三日）。「ながめるだけで渡るこ

図６　拝賀の人波に賑う宮城（『読売』48年１月３日）

とを許されなかった二重橋」が「この国土に住む人間なら誰でも大手をふって渡ることができた」という記事の表現からは、皇居内に入ることができた国民の喜びとそれによって「民主化」を実感する姿を読み取ることができるだろう。国民の皇居に対するあこがれや好奇心は、戦前において閉じられていたがゆえに高かったのである。これはおそらく宮中・宮内省が全国巡幸先での国民と天皇との接触風景を見て、参賀によって国民との関係性を密にすることで象徴天皇制を確立しようとしたのではないだろうか。ただし、この参賀は宮中・宮内省の予想以上に国民からの期待を得ていたようである。

> 今年から一般人の拝賀も許されたので正門から参入したのだが、何分大変な人で、その列は日比谷まで続いた由。はじめ三陛下の御帳を別々

に用意してあった処、それではとてもはけないので一人で一度つければよいことにし、更に名刺があればそれでよいとしたがどうしても捌けないので、焼跡の横を通って坂下門に流すことにしてやっと解決した由。この一時から四時迄の人数は六万との事、やっと日本人も気をとり戻して来たと思はれる（『入江相政日記』一九四八年一月一日条）。

この入江の日記からは、宮中・宮内省の予測以上に国民が殺到している様子を見て取れるだろう。あまりの人に、記帳は名刺を差し出すことで代えるという措置までとられた。一、二日の両日で一三万人の記帳者があったという。国民自身が天皇との距離の近さを求め、皇居に赴いたのである。それは敗戦後の「民主化」を彼らが体感することでもあったのではないか。しかしこの時の参賀は、現在の一般参賀とはずいぶん様子が異なっている。国民が記帳するために皇居内に入るのであり、天皇との接触があらかじめ予定されていたわけではない。記帳することで天皇と会うのに近い効果をもたらすだろうと考えられていたのであろう。天皇は二日、「参賀者が長蛇の列をなしたため」、宮内省庁舎屋上から参賀する国民を見物し、その際参賀者の万歳三唱に帽子を振って応えた。しばらくして皇后も出てきたという（『昭和天皇実録』一九四八年一月二日条）。

この年の天長節である四月二九日も、新年の時と同様に二重橋が開放され、記帳所が宮城内に設けられた。この時、集まった国民に対し天皇は午前午後一回ずつ、宮内省庁舎屋上に出て応答した。天皇が出ると「期せずしておこる万歳の声」、天皇も「帽子を打振り御あいさつされた」(『読売』四八年四月三〇日)。ただしこの時も現在のような「お言葉」は発せられていない。天皇が一般参賀において「お言葉」を発するようになるのは、かなり後になってからである。「陛下がお帰りになっても眼を赤くして動こうとしない娘さんや老婆の姿がそこゝに見られた」(『朝日』同年四月三〇日)とマスメディアで報じられるように、一般参賀における国民と天皇の接触は、国民にとって感激を伴う出来事の一つであった。この時の様子は次のようにも表現されている。

二十三年の元旦と天長節には、宮城正門をあけはなって一般の参賀がゆるされ、三十万人をこえる人たちが殺到した。きわめておそまつな『宮城案内図』などがとぶように売れたのも、皇居に対する一般の非常なあこがれと好奇心をしめすものであったろう(「ルポタージュ　宮城」『レポート』四九年一月号)。

これ以後、新年と天皇誕生日の年二回、一般参賀が行われるようになる。そして一九四八年四月の例を踏襲し、天皇は宮内府庁舎屋上から参賀者に応答し、国民と皇居内で接触した（後には参賀者から見えやすいように、宮内庁庁舎二階バルコニーに天皇は立つようにな る）。一九四九年一月は、前年の国民の祝日に関する法律の公布・施行に伴い、「祝日以外の二日以後に参賀を受けられることに対し疑義が起こったことなどから、元旦の一日のみ行われることとな」った（『昭和天皇実録』一九四九年一月一日条）。

なお、一九四八、四九年一月の参賀は「新年参賀」と呼ばれていたようである。これは、宮中での行事が「新年拝賀」と呼ばれていたことに由来する。一九五〇年は、前述の国民の祝日に関する法律が一月一日を「元日」という名称の祝日に定めたことにならって「元日参賀」の名称に改めようとしたところ、宮内庁は誤って「元旦参賀」としてしまった（同五〇年一月一日条）。翌五一年は「元日参賀」の呼称を用いて実施され（同五一年一月一日条）、講和独立を経た一九五三年になると参賀が一月二日に変更された（同五三年一月一・二日条）ため、「一般参賀」の名称に変更となって、それが現在まで定着することになる。参賀が二日に変更になったのは、講和独立に伴って外国使節などとの交流が密になり、元日の「新年祝賀の儀」などの宮中行事が増大したためと思われる。この年の一般参賀では、天皇皇后は宮内庁庁舎正面玄関屋根上のバルコニーに午前二回・午後三回出て、参賀者と対面した。こうして、国民と天皇が直接触れ合う空間が皇居内に設定されていったのである。国民はそこに集い、「民主化」を感じ取っていった。こうした国民と天皇との直接的接触が、新しい象徴天皇制を想起させていくことになる。

皇居再建運動の展開

皇居宮殿再建の端緒

空襲によって焼失した皇居宮殿が、敗戦後もそのままになっていたことは前述した。それを再建しようとする動きは敗戦直後からあった。その端緒は、一九四五年（昭和二〇）一〇月の天野直嘉《なおたか》前賞勲局《しょうくんきょく》総裁が起こした再建運動である。しかし宮内省は、「戦災者に垂れさせ給う畏《かしこ》き思召《おぼしめし》のほどを拝察し、宮城御再営は当分考慮されない方針」を採った（中島前掲書）。ここでは、国民の生活を思考する天皇の意思が、皇居宮殿を再建しない理由になっていることに注目しておきたい。皇居宮殿の再建が国民との関係のなかで考えられるということは、その後も継続していく。

なお、これらの動きは実質的には宮殿の再建が目指されたものであるが、一般的に単に皇

居再建といわれることが多い。そのため、ここでは運動を指すときは皇居再建運動として
おきたい。

その後も一九四六年八月に、「新憲法に於て天皇制の存置既に確定せる今日……天皇邸を造営するは新日本建築上必要」との請願が国会で採択された（国立公文書館蔵「公文類聚　第七十二編　昭和二十二年五月三日以降」第一四巻）。この請願のように、皇居宮殿は「新生日本」の出発にあたって必要な空間であり、敗戦後においても日本という国家のナショナルなシンボルとして認識されていた。国会では日本進歩党の馬越晃《うまこしあきら》衆院議員が、天皇の象徴としての「尊厳を保持」するためにも宮殿再建が急務であると政府に迫る（衆院皇室典範案委員会一九四六年一二月一一日）など、再建の声は広がっていた。しかし政府は、国家・国民の経済状態から再建の時期ではないと判断し、実現には至らなかった。

しかし講和独立が近づくと、独立後の外国使節との会見や立太子礼などの国家的儀式を執り行う空間の必要性が高まる。そこで宮内庁は一九五一年三月、庁舎一部を仮宮殿に改築する計画を発表した（『朝日』五一年三月七日）。宮内庁も外国使節に見せる空間を荒廃したままにはできず、天皇の意向などを考慮に入れながら庁舎改造という簡素な改築での妥協点を見出していく。

このような玉虫色ともいえる決着は、それでは不充分だとするグループによる大規模な皇居再建運動を起こさせる要因となった。きっかけは、『毎日』が一九五一年（昭和二六）一〇月に一面へ掲載した次の記事である。

『毎日新聞』などによる再建運動

皇居清掃の勤労奉仕に参加した地方団体などからも宮内庁に対してたびたび皇居再建運動が持ち込まれ……日増しに再建の声と熱意が自然に盛り上がった……新宮殿は〝象徴天皇〟の晴れの国家的儀場……明治天皇時代の宮殿造営と同様に税金などの国費をあてず、国民各自の真心こもる献金にまつべしとの意見が最も多いようである（『毎日』五一年一〇月三日）。

『毎日』はその後も皇居再建運動関連の記事を多数掲載した。そうした記事のなかでは、元貴族院議員で戦前の明治神宮造営時に内務省明治神宮造営局長であった松本学《まなぶ》が、何度も宮内庁に対して皇居再建を要求する様子が紹介されている。松本は「独立後は外国使臣の接見もあることだし、批准を機会に国民運動として」皇居再建運動を起こしたという（『毎日』五一年一〇月六日）。『毎日』の皇居再建運動に関する報道量は他紙に比べても圧倒的に多い。なぜ『毎日』がこのように積極的に運動を展開したのかははっきりとしないが、この時期に皇居再建運動が展開された要因は、『毎日』のようなマスメディアが主体的に取り上げたことにあった。その意味でこの運動は、マスメディアが積極的に象徴天皇制の内実をつくり上げようとした結果、起こった動きといえる。松本と『毎日』は連携して皇居再建運動を政治的な国民運動にし、講和独立を目前にして高まっていたナショナリズムに乗って皇居再建を図り、よりナショナリズムを高揚させようとしていた。この時期、『毎日』の動きに触発されてか、「日活の堀久作《きゆうさく》氏や日本興業組合連合会による観客一人一円運動など有力な皇居再建運動が計画されてい」た（『中日』五一年一二月二三日・『東京日日新聞』五一年一二月一五日）。

『毎日』は先の一面記事から数日後、各地方版に皇居再建に関する地域有力者などのインタビューを掲載した。このインタビューはいくつかのパターンにもとづいていた。第一に、勤労奉仕団員が皇居の荒れた様子を語ることで再建に賛成するものである（『毎日・群馬版』五一年一〇月四日など）。『毎日』は地域レベルの身近な人物の意見を掲載し、勤労奉仕団員などが実際に見てきた皇居の惨状を話させることで、募金を出すのは当然であるとの世論形成を試みようとしたのではないだろうか。第二に、「講和をひかえ独立するにあたり、日本の象徴であられる天皇のおすまいにふさわしく復興される」べき（『毎日・

表3　『毎日』地方版（51年10月）における皇居再建運動の記事

日	版	発言者
4	都　下	**福祉事務所所長，勤労奉仕団員2名**
	埼　玉	社会福祉協議会民生部会長
	静　岡	副知事，**県秘書課員**，県民委員，**寺住職**，清水市婦人会会長，熱海市長，電話局主事，下田町長，**弁護士**
	新　潟	中学校長，**青年団員**
	群　馬	副知事，教育委員，前校長，**勤労奉仕団員**
5	宮　城	知事，仙台市長
	山　形	婦人連盟理事長，**婦人会幹事**，**元子爵**，**開拓者連盟委員長**，**青年団事務局長**，**米沢市婦人会会長**
	茨　城	**水戸敬老会3名**
	栃　木	知事，**教委社教課員**，少年保護観察所長，検事正，**教委指導課長**，労組書記長，大田原町婦人会会長，商工会議所事務局長
	北海道	札幌市長，拓銀頭取，会社員，農協党事務局長，**清掃奉仕団員**
	福　島	知事，白河市長，高校教諭，文化会長，檜沢村婦人会会長，**勤労奉仕団員4名**
6	長　野	県会議長，**勤労奉仕団員3名**
	秋　田	知事，県議長，秋田市長，横手市議，横手市地区婦人会長，**能代婦人会長**，大館市婦人会長，高校教諭，**大曲町長**，大館市助役
	青　森	副知事，**田沢吉郎**，**勤労奉仕団員2名**
9	宮　城	**勤労奉仕団員6名**

ゴシック：清掃奉仕などで皇居を見たことあり
岩手，山梨，千葉，神奈川には記事なし．宮城が2回掲載されているのは，最初の勤労奉仕団が宮城にあったことと，このとき皇太子が宮城を旅行中であったためか．

静岡版』五一年一〇月四日、高見三郎《たかみさぶろう》副知事）、「悪夢のような戦争の古傷をぬぐい去り世界各国の仲間入りをした新しい平和国家としての誇りを高めたい」（『毎日・福島版』五一年一〇月五日、田中伸三《しんぞう》白河市長）と、自治体のトップが近づく講和のために皇居再建に賛成するものである。こうした意見の根底には、「新生日本」にはそれにふさわしい皇居が必要であるとのナショナルな認識があった。

広がる皇居再建運動

これらの記事と前後して各地に奉賛会ができ、宮内庁に現金が送られてくることもあった（宮内庁編『宮殿造営記録・解説編』宮内庁、一九七二年）。また全国町村議長会では「平和条約が締結された今日、皇居が荒れたままになっていることはきくにしのびない」と、募金運動を起こすことが決議された（『毎日』五一年一一月一〇日）。そしてある勤労奉仕団が募金による皇居再建を求める請願を国会に提出し、これを紹介した自由党の庄司一郎《しょうじいちろう》は「講和条約を記念として……日本の皇室の威厳といいましてはどうかと思いますけれども、天皇御一家にふさわしいところの、憲法上におけるわれわれのあこがれの象徴のその天皇のお住居を、ひとつ国民の力において再建してあげたい」と賛成の理由を述べている（衆議院予算委員会一九五一年一〇月二七日）。これも先のインタビュー記事同様、「新生日本」の表象としての象徴天皇という認識から提起された意見であった。

ところでこの皇居再建運動では、元の空間に宮殿を再建することが自明の前提となっていた。つまり前述の遷都論・宮城移転論が浮上していた敗戦直後とは異なり、一九五〇年代初頭には明治以来宮城宮殿が存在していたその空間に再び意味が持たれるようになったのである。「国家として再出発するための皇居再建」という動機は敗戦以前の国家の威信を必要とさせたため、敗戦前と同じ空間が再建場所として考えられたのではないか。

その後、松本を中心とする皇居再建運動の世話人会が結成された。そこには、金森徳次郎《かなもりとくじろう》元国務大臣や一万田尚登《いちまだひさと》日銀総裁、財界から藤山愛一郎《あいいちろう》、俳優の徳川夢声《むせい》ら二〇名ほどが世話人として名を連ねている。そして一〇月三〇日の第一回会合から計五回にわたって、募金問題が話し合われた（国立国会図書館憲政資料室蔵「松本学文書」）。松本らは敗戦前の前例にもとづき皇居再建運動にも同じシステムを提唱した。ただ「下部組織に依る強制募金は避ける」と、画一的な徴収システムを採ることで敗戦前の天皇制を国民に想起させることのないよう配慮を見せている。しかし田島道治《みちじ》宮内庁長官は「松本学氏　宮殿再建しつつこし……個人としても時機未だ熟せず」（加藤恭子『田島道治』TBSブリタニカ、二〇〇二年）と考えており、田島の意向を受けた一万田が世話人を辞退するなど、世話人会は皇居再建運動の強力な推進力にはなることはなかった。

皇居再建運動を推進する人々は、独立して国際社会に復帰する「新生日本」には庁舎を改造した仮宮殿ではなく、それ相応の新たな皇居が必要であり、天皇は「新生日本」の表象であるからその立場に相応しい皇居に住んでいなければならないとの意識を持っていたといえる。先の田中白河市長のように、皇居再建を推進することは日本の「文化平和国家」としての再出発を内外に示すことにつながると考えられた。このように、皇居再建運動は「文化平和国家」としての「新生日本」の出発と連動していた。独立に伴うナショナリズムの高揚こそが、この時期の皇居再建運動が大規模な運動として展開された原動力になった。

皇居再建運動への批判

ところが、運動の根本ともいえる建設費を国民からの募金によって賄おうとする点が批判されていく。その批判は第一に、皇居は「一国の元首」の住居で「国民の名誉」に関わる「公けの建物」だから、建設費は税金で賄うべきとの批判である（『中日』五一年一一月一一日夕刊）。フランス文学者の河盛好蔵《かわもりよしぞう》が「皇居の造営」というコラムで展開したこの意見は、広がりを持っていた。評論家の大宅《おおや》壮一《そういち》も「皇居」というコラムのなかで、「元首として外国使節などを迎えるための皇居、即ち日本国家の象徴としての天皇の公的「事務所」をつくることが必要」ならば「予算をとって堂々とつくるべき」(『東京日日新聞』五一年一一月九日)と同様の批判意見を掲載していた。河盛・大宅も、皇居が国家・国民の「名誉」であると強調している。むしろ、だからこそ国費で皇居を建設し、「新生日本」の威信を示すべきだと主張されているのである。つまり、国家が復興したとの自尊心＝ナショナリズムが存在し、皇居が国家のステータスとして認識されていたからこそ湧き出した批判だった。

第二に、国民の募金が「天皇の名によるときは、不条理のような気はしながら一概に拒絶するのも遠慮される」ような「旧天皇観の残りの意識につけこんで無理に金を集める」ことになるとの批判である(『河北新報』五一年一〇月一〇日社説)。地域においては「天皇の名」が未だに敗戦前のような影響力を持ち、国民を画一化する強制力があると考えられていた。強制手段としての天皇の権威が未だに残存しており、募金を出さざるを得なくなるというのである。「一人残らず献金したい……十円出し切れぬ家庭には、隣り近所なり会社なりで立替えればよろしい」(『毎日』五一年一〇月五日投書)と再建募金に賛成する投書は、こうした心配をより助長させるものだった。三笠宮も皇居再建運動に「感謝」しつつも、募金が「組織的になると、必ず末端には強制的な影響力を及ぼす」と懸念していた

（『読売』五一年一二月二日）。そしてこうした批判からは、募金によって画一化された組織が地域において「選挙運動に利用されて折角のまごころが汚されるおそれ」があるとも指摘された。それは、天皇の権威が国民に大きな影響力を持っているという前提があっての批判であったともいえる。

第三に、第二に関連して、「天皇陛下のためならば、という風潮を復興させて、再びこれを利用せんとする人間に対して絶好の機会を与えることになる」（『中日』五一年一一月一一日夕刊）との批判である。「募金方法が体裁のい丶強制手段である……たゞ天皇の神格を盲信している大衆の愚直さに乗ずる募金だとすれば正に悲しむべき逆コースである」（『読売』五一年一一月一六日社説）と、募金が天皇の権威を再び高めることにつながるとの危惧を生んだ。

皇居再建運動の帰結

こうした動きを受けて政府は一一月二七日、保利茂《ほりしげる》官房長官の談話を発表した。その内容は、皇居再建運動に対する「全国民の熱誠に対しては深く敬意を表」しつつも、「国内戦災の復興の状況国家財政の関係などを考慮し」、政府として募金運動は実施せず、松本らの運動も認めないというものであった。談話は、「陛下の思召もまた、ここに在るものと拝察する」と天皇の許しが得られなかったことも募金運動を実施しない理由にあげていた（宮内庁前掲書）。しかし一方で将来の再建には含みを持たせていたため、皇居再建運動はこの談話をきっかけに一旦は終息に向かうが、その後も再建を求める動きは続くことになる。例えば、一九五二年（昭和二七）に提出された宮城県教育委員庄司ヒサヨによる「皇居再建に関する請願」は、「講和条約の結ばれた現在、外国の各界代表者等も多数来訪するであろうし」、国民の「自発的献金によって……講和条約記念国民奉仕運動の一環として」皇居を再建すべき（国立公文書館蔵「公文類聚　第七十七編　昭和二十七年」第一四巻）と、それまでの再建運動の主張が踏襲されたものであった。

ではなぜ、この皇居再建運動は結実しなかったのだろうか。その理由は第一に、前述の募金に対する批判である。第二に、日本国憲法第八条によって国民からの募金は皇室財産への寄付となって国家の議決を経る必要があり、手続きが煩雑であったことである（『京都』五一年一二月一日）。そして最大の理由かと思われるのが、官房長官談話にもあげられていた天皇の意思である。「陛下も国民が戦災で非常に苦しい生活をしているから、それが回復するまでは皇居の改造は絶対に必要の最小限に止めるお考えのようです」という三笠宮の談話（『読売』五一年一二月二日）が示しているように、天皇はこの時期に自分の住居が再建されるのを望んでいなかった。しかしここで重要なのは、この天皇の反対ということが皇居再建を行わない理由として必ず登場し、強調されていることである。国民の生活を考えて自らの住居を我慢する天皇像が、皇居再建運動中止を機会にマスメディアを通じて流布していった。皇室記者の藤樫《とがし》準二《じゅんじ》が「陛下はつねに「先憂後楽《せんゆうこうらく》」のご心境からなかなかお許しにならなかった」と述べる（藤樫準二『天皇とともに五十年』毎日新聞社、一九七七年）ように、こうした天皇の意思をマスメディアは伝えた。そして皇居再建運動が結実しなかったことで、国民と天皇との結びつきが強化されるという逆説的な効果を生み出した。物理的な空間建設という面では成功しなかった運動は、国民と天皇との結びつきが強調されたために精神的な面では成功したといえる。

そして官房長官談話が運動趣旨自体を否定していなかったことは、皇居が日本を表象する空間との意識を政府も肯定したと見ることができる。実際再建は実現しなかったものの、運動が展開されている最中に宮中側近が天皇に再建を何度も進言し（『京都』五一年一一月一日）、吉田茂《しげる》首相も再建を天皇に訴えていた。宮内庁では一九五三年から再建に関する本格的調査を開始して再建計画を作成した。このように皇居再建運動後、政府・宮内庁は天皇の同意さえ得られればすぐに着工ができる段階まで準備を進めていたことから、皇居再建の重要性を認識し、運動の意義を一定程度肯定していたと考えられる。

皇居再建運動は近づく講和独立に伴うナショナリズムの高揚を背景に、対外的に目に見える皇居を国家としての「プライド」から再建しようとする運動であった。そこでは、国家のステータスを表象する天皇のための空間を建設することこそ国家が再建されたことを示し、「新生日本」の出発を示すと認識されていた。そして、国民の募金によって皇居を再建することは、国民と天皇との結びつきを表象するとも認識されていた。このように皇居は、新しい象徴天皇像を表象する空間としての意味を有していたのである。

開かれはじめる皇居

二重橋事件の衝撃

二重橋事件

一九五四年（昭和二九）一月二日、この日実施された一般参賀に対して、約三八万人もの参賀者が皇居を訪れた。それは一九四八年に一般参賀がはじまって以来、最高の人数であった。この日の天候がよかったこともあるが、なぜこれほど多くの参賀者が集まったのだろうか。その点については、後で詳述したい。

一般参賀は午前九時の開門とともにはじまり、参賀者は皇居内に入った。天皇は午前一〇時から午前三回・午後四回、宮内庁庁舎バルコニーに皇后とともに立ち、参賀者に応えた。参賀者は皇居前広場から二重橋を渡って皇居内に入り、記帳所で記帳をし、その後宮内庁庁舎前を通って坂下門方向へと抜けるルートをたどって一般参賀を終えた。

しかし午後二時すぎ、宮内庁庁舎前に集まった参賀者たちはその後バルコニーに出てくる予定であった天皇皇后を待って動かず、その列は流れなくなっていく。その結果、記帳所あたりも参賀者で一杯となってあふれ出て整理不可能な状態に陥ったため、警備に当たっていた皇宮警察と警視庁丸の内署は二重橋付近に縄を張って、橋を渡る参賀者を一時停止させた。ところが、この縄を張る措置に気がつかなかった参賀者が皇居前広場から二重橋へ押し寄せてきた。多数集まった参賀者に対し警備していた警察官の数は少数で、参賀者を統制するにはまったく足りなかった。結局、警察は縄を緩めて二重橋への通行を許可したところ、これがきっかけとなって橋上に向かって参賀者が殺到し、押し合い・もみ合い、折り重なって将棋倒しとなった。これによって死者一六人・重軽傷者六五人を出す大惨事となった。これを二重橋事件という（以上の概要は、『朝日』『読売』『毎日』五四年一月三日など）。

その後、武末辰雄《たけすえたつお》皇宮警察本部長は「意外な人で整理困難」であったとのコメントを発表し、この日は皇居から早く帰宅して二重橋事件をラジオで知った入江相政《すけまさ》侍従は「困ったことになったものだ。どうしてかういうことになったのだらう。今までよりも人出は多かったにしてもえらいことになったものである」と日記に記している（『入江相政日記』一

二重橋上で死者十六名
参賀の人波に押され
重軽傷卅数名

新年早々二日の午後、皇居の一般参賀に押し寄せた人々の数は近年にない大群衆となり、その混雑ぶりは当局側の予想も及ばずついに老人、婦人、少年少女など死者十六人、重軽傷者三十数人による惨事を引き起した。

石井久子さん　新田標之助氏　余　頼　関賀　小高悦ちゃん　近藤れん子さん　水谷江美子さん　幸寿美子ちゃん　杉山しずえさん
福本ナツヨさん　江田きよさん　池永和子さん　野中さくさん　伊藤ﾅ子さん

卅八万の参賀

“張った綱が原因”　目撃者の話

負傷者を運ぶ警官一読者池田宏氏提供

❶宮内庁玄関バルコニーから国民の祝賀に応えられる両陛下❷二重橋前を埋めた人波—本社小鳩機から午後一時五十分撮影

図７　二重橋事件当時の新聞報道（『朝日』53年１月３日）

九五四年一月二日条)。このように、彼らの想定以上に参賀者が殺到したこともあっただろうが、宮中・宮内庁は事件がなぜ起こったのかを理解できず困惑していた。

ニュースで伝えられる二重橋事件

一九五三年(昭和二八)にはテレビ放送も開始されていた。また、国民は映画館などでもニュース映像を見る機会があった。そのなかでこの事件がどのように報道されたのかをまず見てみよう。NHKの「週刊ニュース」が事件を伝えた時のナレーションは次のようなものであった(NHKアーカイブス蔵、一九五四年一月九日放送)。

> 元日に続き好天に恵まれた一月二日、冬とは思えないような日差しにひときわ緑を増して鮮やか皇居では、朝早くから一般参賀の人波が列をつくり、定刻の午前九時、開門と同時に堰《せき》を切ったようにどっと二重橋を渡って皇居内へ参入しました。宮内庁前広場に参賀の人々がお待ちするうちを、天皇皇后両陛下にはバルコニーにお出ましになり、万歳の嵐に手を振ってお応えになられ、この日、三八万二〇〇〇人の人々が参入しました。
>
> こうした予想以上の人出は、午後二時二〇分ごろに至り、二重橋の上で群衆が混乱状態に陥り、死者一六人重軽傷者五六人を出すという惨事を引き起こし、群衆の下敷

きとなった人々は直ちに都内四ヵ所の病院に収容されました。負傷者の収容されている病室には、家族達が心配そうな様子で看護をしています。

このナレーションとともに、映像は皇居前広場の一般参賀者の列、開門の様子、二重橋を渡る参賀者、バルコニーから手を振る天皇皇后、万歳をする参賀者を映し出している。ただし事件時の動画はなく、二重橋事件現場の地図と写真、負傷者と看護する家族の様子を映すにとどまっていた。そして当時の状況を語る参賀者、遺体収容所と家族の様子、犠牲者の告別式の映像と続いて、ナレーションはその模様を伝えている。

「毎日世界ニュース」第一二四号も、事件の様子を次のようなナレーションで伝えている（NHKアーカイブス蔵、一九五四年）。

一月二日、夜の明けぬうちから人々は二重橋へ詰めかけ、午前九時の開門と同時に皇居内へどっと流れ込み、我先に記帳へ向かいます。参賀者は刻々と増え、二重橋や宮内庁前は身動きもできぬ有様です。両陛下は宮内庁のバルコニーから幾度も幾度もこれに応えておられます。参賀者はついに三八万を突破。午後二時すぎ、二重橋では群衆が折り重なって倒れ、死亡者一六名、重軽傷者六五名にのぼる惨事を引き起こしました。両陛下からのお見舞い品が涙を誘います。負傷者は各病院に分散収容。応急手当を受けながら、当時の恐ろしい模様を語っています。「もう、まわりの人たちはたいてい、あのー、年寄りの人たちはたいてい、もうみな、倒れて死んでしまっておりました」。関係当局の責任が問われています。

このナレーションのバックには、参賀者の群れ、記帳所のテーブルに駆け寄る人々、広場を埋め尽くす参賀者、バルコニーから歓声に応える天皇皇后、天皇の笑顔（アップ）、歓声を上げる参賀者が画面に映し出されているが、二重橋事件そのものについてはやはり映像はない。また最後は、犠牲者の祭壇と天皇皇后からの供物、病院でベッドに横たわる負傷者が映し出されるニュース構成となっている。

以上のように、この時期に映像メディアは発達しかけていたが、事件そのものの映像はなく、国民は二重橋事件の惨状を動画そのもので知ることはなかった。ただし、事件が起こる前に参賀者が殺到している様子はどちらのニュースにも映し出されており、それを見ることによって当時の状況を想像しやすい構成となっていることは確かであろう。また、両者ともに負傷者の様子や犠牲者の葬儀の場面を映像で示すことによって、被害の状況を伝えようとしていた。

この二重橋事件をめぐっては、新聞・週刊誌などでも様々な報道がなされた。『週サ』五四年一二月二四日号は次のように事件をまとめている。

事件をめぐる報道―逆コース

今回の参賀者によって惹き起された死者十六名、重軽傷卅余名という大惨事についても、急速に逆コースの波にあふれられる昭和廿九年々頭の社会風潮を如実に物語るものであり、犠牲者に弔意は表するものの、参賀者の衆愚性、その後における取締当局者の事大主義、天皇の再度の神格化についての批判は今後に幾つかの問題を、われわれの胸の底にしこりのように残して行くであろう……不平不満があるといっては皇居へ、感謝感激をしたいからといっては皇居へという日本民衆の心は、民主国日本に変貌した筈の今日になっても、まだ条件反射的についその方向に動いてしまうらしい。

このように、一九五四年（昭和二九）ごろは占領政策の終結や冷戦の進行に伴って、敗戦後の「民主化」からの「逆コース」の風潮が語られていた。『週サ』はこの二重橋事件を、「民主化」された象徴天皇像から「再度の神格化」に天皇が位置づけ直された結果として起きた事件と捉えたのである。象徴天皇の性格もそうした「逆コース」を進んだため、国民は戦前のような尊崇の念を抱いて皇居に赴いた。だからこそ、この年の一般参賀には

（ご注意）

・この用紙は、機械で処理しますので、金額を記入する際は、枠内にはっきりと記入してください。また、本票を汚したり、折り曲げたりしないでください。

・この用紙は、ゆうちょ銀行又は郵便局の払込機能付きＡＴＭでもご利用いただけます。

・この払込書を、ゆうちょ銀行又は郵便局の渉外員にお預けになるときは、引換えに預り証を必ずお受け取りください。

・ご依頼人様からご提出いただきました払込書に記載されたおところ、おなまえ等は、加入者様に通知されます。

・この受領証は、払込みの証拠となるものですから大切に保管してください。

収入印紙
課税相当額以上
貼　　付
印

この用紙で「本郷」年間購読のお申し込みができます。

◆この申込票に必要事項をご記入の上、記載金額を添えて郵便局でお払込み下さい。

◆「本郷」のご送金は、４年分までとさせて頂きます。

この用紙で書籍のご注文ができます。

◆この申込票の通信欄にご注文の書籍をご記入の上、書籍代金（本体価格＋消費税）に荷造送料を加えた金額をお払込み下さい。

◆荷造送料は、ご注文１回の配送につき380円です。

◆入金確認まで約７日かかります。ご諒承下さい。

振替払込料は弊社が負担いたしますから無料です。

※領収証は改めてお送りいたしませんので、予めご諒承下さい。

お問い合わせ　〒113-0033・東京都文京区本郷７－２－８
吉川弘文館　営業部
電話03-3813-9151　FAX03-3812-3544

この場所には、何も記載しないでください。

払込取扱票

02 東京

通常払込料金加入者負担

口座記号番号	00100-5-244
加入者名	株式会社 吉川弘文館
金額	千 百 十 万 千 百 十 円 ※
料金	
備考	

ご依頼人	
フリガナ	
※ お名前	
郵便番号	電話
※ ご住所	
通信欄	※

◆「本郷」購読を希望します

購読開始 　号 より

1年 1000円 (6冊)　3年 2800円 (18冊)
2年 2000円 (12冊)　4年 3600円 (24冊)
(ご希望の購読期間に○印をお付け下さい)

日附印

各票の※印欄は、ご依頼人において記載してください。

裏面の注意事項をお読みください。(ゆうちょ銀行)(承認番号東第53889号)

これより下部には何も記入しないでください。

切り取らないでお出しください。

記載事項を訂正した場合は、その個所に訂正印を押してください。

振替払込請求書兼受領証

口座記号番号	00100-5-244 (通常払込料金加入者負担)
加入者名	株式会社 吉川弘文館
金額	千 百 十 万 千 百 十 円 ※
ご依頼人	おなまえ ※ 様
料金	日附印
備考	

この受領証は、大切に保管してください。

多くの国民が集まり、そして事件となった。独立して戦前とは異なる「新生日本」となったにもかかわらず、皇居を国家の中心として認識するがゆえ、反対するにしても賛成するにしても多くの国民が皇居に集う。記事はそれを、国民が象徴天皇を敗戦前と同じように捉えつつある状況＝「神格化」と見ていた。それゆえに参賀者を「衆愚性」という強い言葉で非難し、反省を促しているのであろう。二重橋事件を契機にして、国民にそうした天皇制の「逆コース」がよいのかを批判的に提起した記事といえる。

事件をめぐる報道―好奇心

一方で、『週朝』五四年一月一七日号は参賀者の声を集めて分析し、別の見方を提示している。事件は「逆コース」による天皇への尊崇ではなく、スターを見るような好奇心から起きたとの見方である。

七十六歳になるおふくろが、茨城県の田舎にいましてね。昔から、口癖のように、一度は天子さまを拝んでから死にたいといっていたもんですから、今年こそは願いをかなえてやって、せめてもの親孝行をしたいと思ってたんですが……（工員・江田永助）。

一度も皇居の中へ入ったことがなかったので、仲よしの明ちゃんを誘ったまでのことです。ボクは天皇制護持論者じゃありませんが、皇室というものがある以上、それを積極的に否定したいとも思っていません。／英国のような民主的なゆき方にどうしてなれないものか、一度様子を見て、自分で判断する材料を得たかっただけのことですが……（大学生・岡本稔）。

天皇さまがお出ましになるというので、好奇心を持ったんですね。何も有難いとかいう気持じゃないんですよ。美空ひばりや、長谷川一夫をひと目見たいというのと同じじゃないんですか（主婦・山本よしの）。

以上の参賀者の声からは、当日皇居に集まった多くの人々も、天皇を拝みたいという意思から、今後の天皇制を考える題材として、スターを見るのと同じ感覚・好奇心からなど、様々な意思が混在していたことがわかる。数多くの人々がこの一九五四年（昭和二九）の一般参賀に殺到したのは、必ずしも戦前のように天皇制への尊崇の意思が国民に高まったからだけではなかった。もしくは敗戦直後の象徴天皇制成立期のように、天皇とより接近したいという意思がこの時期の国民に再び高まった結果のみというわけでもないようである。

この状況を『週朝』は、「逆コースは含んでいるが、逆コースそのものじゃない」と分析した。独立に伴うナショナリズムの高揚や冷戦の進行によって、「民主的」な象徴天皇像から敗戦前のように天皇を尊崇する「逆コース」を進み、それがゆえに一般参賀に国民が殺到したという前述の『週サ』と同じ見方は採らなかったといえる。「逆コースそのものじゃない」という言葉からは、そうした動向があることは否定しないが、好奇心などから来ている人々が多数いることを指摘していた。そして記事は、「正月に皇居へ行くというのは、金のかからないレクリエーションなんだ」と結論づける。これは、敗戦直後の皇居勤労奉仕団員や一般参賀者とは異なり、この時期の一般参賀者が天皇との結びつきを求めて（つまり自身と天皇との関係性を思考して）皇居に赴いているわけではないことを示しているだろう。このように、次第に象徴天皇制に対する国民の意識に変化が出てきたのである。

この『週朝』の見方と先の『週サ』のそれとはどちらが正しいのだろうか。おそらく、両方とも正しいものと思われる。『週サ』の記事のように、天皇に対して権威を感じていたがゆえに一般参賀で皇居に赴いた国民もいるだろう。『週朝』で紹介された江田永助の母親はまさにその例である（ただし、「逆コース」というよりはむしろ戦前来の感情をそのまま継続していたと思われる）。しかし、そればかりでこの時の参賀者が何十万人と集まったわけではなかった。『週朝』が論じるように、好奇心やレジャー感覚で皇居を訪れた国民も多かった。『週サ』が参賀者を「衆愚性」と評するのは、こうした国民の動向をも批判する意図があったのではないだろうか。

ところで『週朝』はまた、二重橋事件と皇居開放を結びつけて次のように主張する。

宮城を閉鎖していることもよくない。あそこをいつも開放して、東京のセントラルパーク（中央公園）にし、その一隅に天皇御一家が住んでいるという形にすればいい。そうすれば、天皇が散歩している途中で、子どもと握手することだってできるわけだ。普段皇居が一般国民には閉じられているため、一般参賀の時期に人が集中してしまう。そのために二重橋事件のようなことが起こるのだから、常に皇居を開放しておけば問題ないとの主張である。ここに、すでに考えられていた皇居の中央公園化構想や開放論が結びつけられた。それまで出されてきたものの実現しなかった構想が、二重橋事件が引き金となって、次第に具体化することになる。その点については次節以降で詳述する。

事件への国民の声

『読売』はこの二重橋事件について、「二重橋事件をどうみるか」というテーマで投書を募集し、国民からの声を集めている（『読売』五四年一月二五日）。それによれば、全国から寄せられた投書は七〇〇通あまり。「全体を通じて情報や警備の機動性に欠けていた当局の措置の失態も指摘されているが、それよりも天皇という一つの象徴にたいし雷同的に興奮し、自制を失った群集心理の危険を指摘したものが多かった」という。ここでは特に、後半の天皇制に関係する部分の投書に注目したい。こうした内容の投書は、宮内庁の封建性や事大主義を直せ、もっと天皇と国民との交歓の機会を多く与えよ、平日・祭日ごとに自由に皇居を参観させよというものが一七三通、天皇制が「逆コース」・ファシズム台頭の下地となるというものが三二通という内訳であった。

まず天皇制の「逆コース」について述べた投書を見ておきたい。

天皇の姿を見たいと押しかけ騒ぐ群衆、中には天皇の姿を見て泣いている人もいたという。天皇を見せ物だと思っているのだろうか。天皇が静かに幸せに生きられることを祈ることこそ皇居に押しかけて騒ぐのよりも天皇を心から愛していることなのである。この点、日本人に欠けている真の個人主義を身につける必要がある（学生・鵜飼克）。

彼はこの投書のなかで、皇居に赴く参賀者を「愚かな民衆」と表現している。前述の『週朝』で紹介されたように好奇心で一般参賀に出かけた国民は騒ぐだけで本当に天皇を敬愛していないと、この学生には写った。そして、興味本位で皇居に詰めかけるような国民が利用されてファシズムの台頭につながった経験はつい最近であったと警告する。この投書は、先述の『週サ』の見方が国民に一定程度浸透していたことを示しているだろう。一般参賀に赴いた国民は、国家の中心を未だ天皇と思考しそれゆえに数多く集まっており、こうした人々は「逆コース」の雰囲気にそのまま乗ってしまい、その後ファシズムに絡め取られる危険性がある、二重橋事件はそうした見方を伝播させるきっかけとなったのである。

またこうした見方から、皇居開放を求める方向へと進む投書もあった。

これだけ国民から親しまれ慕われている皇室をたいした理由もなく再び九重《ここのえ》の雲の上に押上げようとする策謀があるように思われてならない。来年もあることだ。その時こそ門を広く開放して無理なく一人でも多くの参賀が可能になるよう最善の策を講ずべきである（教員・猿渡貞男）。

国民と天皇との間には既に昔のような神格化された思想はないはずです。一年に一度、それも時間を限って拝ませてやるというような考え方が側近の方々にあるのでしょうか。皇居の門が常に開かれているならば、かかる不祥事は起こるはずがありません（主婦・NK・二重橋事件の際に孫が亡くなったためイニシャルか）。

これらの投書は、象徴天皇制となっても未だ国民と天皇の関係が密になっていないことこそ、二重橋事件の原因だと見ていた。つまり、それを阻むような皇居の開放しかなされていないために、一月二日に参賀者が殺到してしまい、事件になったというのである。中途半端な開放しか試みていない宮内庁・政府に対し、彼らは天皇を再び神格化しようとしている、あるいは天皇を権威として見ているのではないかとこれらの投書は批判していた。そして、そうした方向に進まないためにも今後より一層、皇居を開放することを主張したのである。

このような国民の声は、先の『週サ』や『週朝』の記事と同じ視点を有していた。天皇を権威化している風潮が二重橋事件へとつながったとの見方が提起され、そうした事件を再び起こさないためにも皇居をより開放すべきとの意見が広がっていく。

皇居参観の拡大

皇居開放を進める動き

二重橋事件を受け、宮内庁にも一般参賀に限らず皇居を日常的に開放すべきとの意見が寄せられ、庁内でも開放に関する検討がなされた。実は、事件より前からこうした議論は展開されはじめていたと思われる。先の「占領下の皇居」の章で述べたように、敗戦後、皇居参観は大正期の拝観を継続させる形で、戦争遺家族や公務員などの団体にその対象を限定していた。しかし宮内庁には一般からの皇居参観希望者が殺到していた。そのため、宮内庁は一九五三年（昭和二八）ごろから参観者の資格制限を撤廃する方向で検討をはじめていたのである。

その状況が『週読』五三年七月一二日号に掲載されている。同記事は「解放される象徴の庭」とのタイトルを付し、「かつて雲の上といわれた皇居の姿がはじめて一般国民にお目見得する」と記している。ここでは、参観者の資格制限の撤廃によって一般の国民も皇居に日常的に赴くことができ、それは皇居開放だと位置づけられた。記事は「一般国民参内の日のために」として、皇居内の建物の配置や様子、その自然、勤労奉仕者などがいる日常の風景、天皇皇后の一日の様子などを紹介し、皇居が「大都会の中にとり残された自然のままの庭」であると述べている。国民と天皇との結びつきを意識して皇居を開放しようとする敗戦直後の議論を下敷きにしながら、皇居の風景を紹介する記事といえるだろう。

二重橋事件はこうした皇居開放の動きを、より急ピッチで進める要因となった。宮内庁は日常的に皇居を開放することで、一般参賀の時の混雑を緩和しようとしたのである。二重橋事件後、「あれほど、国民が親しみをもっている皇室を九重の雲の上に押し上げるのはだれか。その結果がこんどの大惨事となってあらわれたのだ」「皇居の門を広く開いてほしい」との投書が新聞に掲載された（『朝日』五四年一月五日、高校教員・長尾勇）が、このような意見が宮内庁にも寄せられ、一般参賀の方法への検討とともに、皇居参観の資格撤廃の動きを加速させた。宮内庁の一般参賀への対応が天皇を再び「雲の上に押し上げる」ものだと批判されており、そのような声を収束させるためにも皇居の開放は不可欠であった。事件後の一月一九日には庁内で今後の対応に関する検討会が開催され、それまで一日五〇〇〜八〇〇人の戦争遺家族や公務員団体を受け入れていた皇居参観に、一〇〇〇人の一般の国民も追加する方針が話し合われた（『朝日』五四年一月二〇日）。

一般団体への参観許可

その結果、団体に限ってではあるが、一九五四年（昭和二九）六月一五日より皇居参観が一般の団体にも許可されることになった（『朝日』同年五月二六日）。天皇皇后の居住する吹上《ふきあげ》地区などは公開から除外するなどの制限がとられた。その理由は、天皇皇后の私生活の場であるから一般の公開にはなじまないとするものである。結果、公開対象となったのは皇居の半分の約一五万坪、旧本丸地区と旧西の丸地区であった。

参観は一般参観者と戦争遺家族参観者がそれぞれ一日に一〇〇〇人ずつ。一般は成年以上の団体（一〇名以上二〇〇名以下）で、学校関係の場合は高等学校在学者以上に許可し、戦争遺家族は地方公共団体・遺族団体を通じて願い出のあった団体（一〇名以上二〇〇名以下、ただし一五歳以上）のみに参観が認められた。戦争遺家族を特別に待遇している点ではそれまでと継続しているが、一般団体に参観を認めた点は皇居を開放しようとする動向を踏まえてのものと思われる。一般団体は午前一〇時より、戦争遺家族団体は午後一時より係員の案内で全員一緒に桔梗門《ききょうもん》（内桜田門）から皇居へ入り参観した。参観時間はおおよそ一時間ほど。参観の願い出は団体の責任者から希望月日を記入した参観願に参観者名簿を添え、宮内庁に届け出て許可を得る方式となった。団体・事前届け出制は堅持されており、現在のように個人でその日に自由に皇居東御苑《ぎょえん》へ出入りできるのとは異なる。こうした仕組みになるのはもう少し後のことで、その点は次章で説明したい。

なお、この年四月二九日の天皇誕生日の一般参賀では、宮内庁は二重橋事件を受けて参賀者の整理に重点を置いた（『昭和天皇実録』一九五四年四月二九日条）。警察官ほか宮内庁職員、ボランティアとして参加したボーイスカウトが参賀者の整理にあたり、一方で参賀者も事件を経ていたからか「極めて行儀よく」皇居内へ入った（『読売』同年四月二九日夕刊）。この時、戦災で焼失した明治宮殿跡（西の丸広場）には特設台が設置されていた。これによって、参賀者が狭い場所（宮内庁庁舎前）に滞留することなく、広い空間に集まり、そしてスムーズに流れるように工夫したのである。天皇は午前三回・午後三回特設台に立って、参賀者に応えた。その様子を『読売』は次のように報じている。

いままで仮宮殿のバルコニーに立たれたときに比べると参賀者と陛下の間には丸池もなく、距離はわずか十五、六メートルの近さ、手をあげた陛下の口もとがほころびてお喜びの表情が前列の参賀者にもはっきりわかるほど、こんな情景も一般国民には始めての経験だった。

このように特設台設置によって、それまでのように宮内庁バルコニーに立って参賀者に応えるよりも国民と天皇との距離は物理的に短くなった。そして、参賀者は天皇をより身近に感じていく。二重橋事件を契機にした宮内庁の対応は、そのような効果ももたらしたのである。以後、参賀者の数は正月の一般参賀には約一〇〜一七万人、天皇誕生日の一般参賀は約六〜九万人で安定し（瀬畑源「一般参賀」原武史・吉田裕編『天皇・皇室辞典』岩波書店、二〇〇五年）、宮内庁も徹底した警備計画を練っていく（『読売』五四年一二月二二日など）ことで対応し、一般参賀はしばらく無事に行われていった。

観光地化する皇居

一九五四年（昭和二九）六月一五日より一般に拡大された皇居参観は、同年が一般約一九万人、遺族約一一万人、外国人約三〇〇〇人で半年間で合計約三〇万人、翌一九五五年は一般約一八万人、遺族約一七万人、外国人約五〇〇〇人で一年間で合計約三五万五〇〇〇人の参観者があった（宮内記者団『宮内庁』朋文社、一九五七年）。「案内役の監守係もはじめはお役所的ですこぶる事務的だったが次第にガイド術をマスターしていまではなかなかの名調子で説明をしている」とも評されて

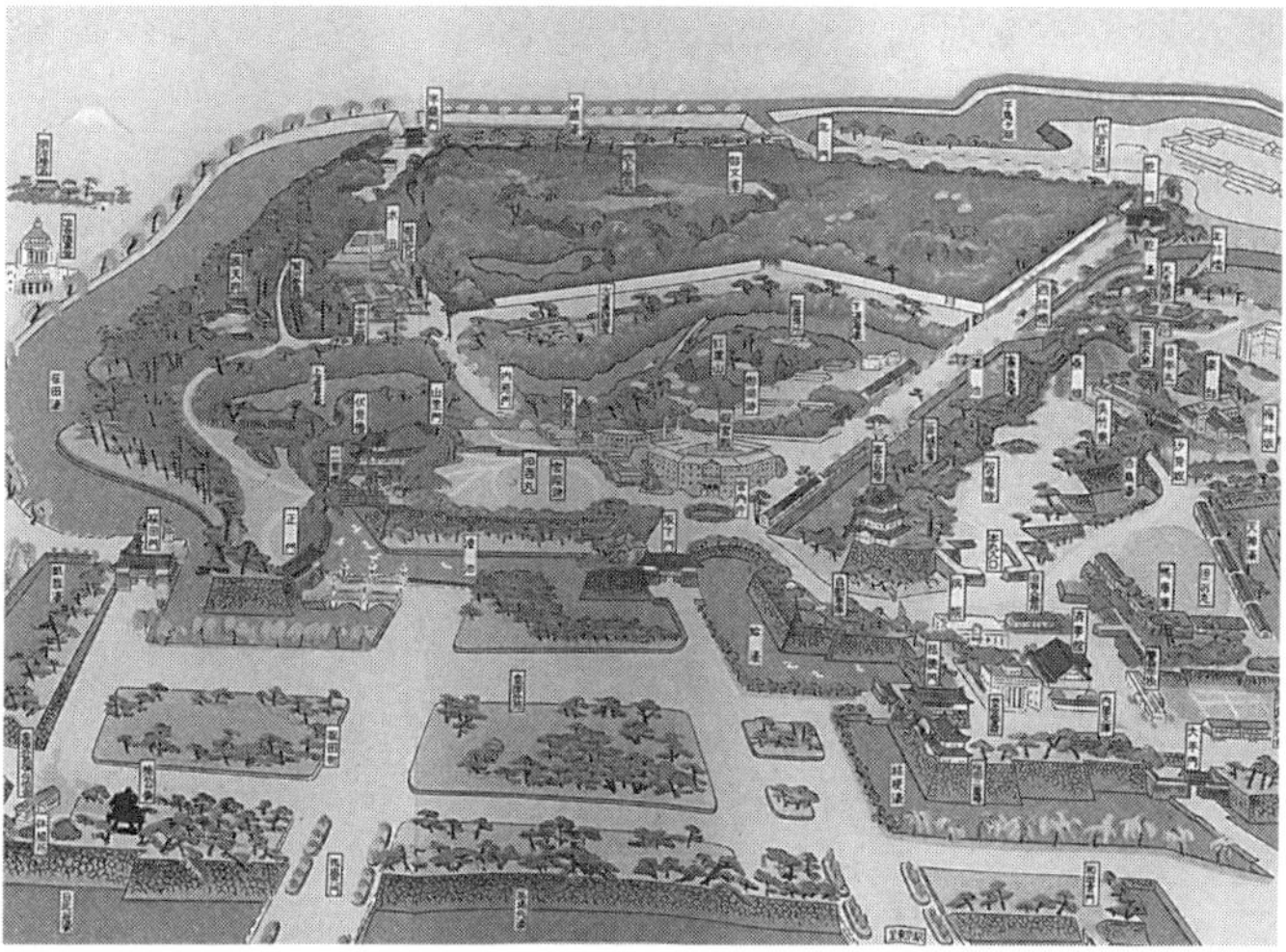

図８　1950年代の皇居地図（中島卯三郎『皇城』より）

いる。皇居参観は東京見物の一コースに組み込まれ、観光地化していった。

こうした状況を受け、『サ毎』は「東京・新散歩みち／皇居参観、誌上ガイド」と題する記事を掲載している（『サ毎』五四年六月六日号）。「東京の真ん中にがんばって交通の邪魔をしている形の皇居については、公園に開放したらいいとか、自動車道路を通せといった議論もある一方、やはり国民大多数の気持は、そのままに、せめて自由に中を見せてくれるくらいの配慮がほしいといったところだっただろう。こんどむずかしい資格がなくても、団体ならだれでも見せてもらえることになった。やがてだれもが自由に、公園と同じように皇居の中を散歩できるようになる日も近いことだろう」とはじまるこの記事は、これまでの皇居開放をめぐる都市計画や公園化の議論を下敷きにしつつ、皇居参観の資格拡大を評価し、今後はそれがもっと展開されていくことを希望していた。こうした見方が、一九五〇年代半ばのこの時期に広がっていたことを示す記事といえるだろう。

この『サ毎』の記事は、『毎日』の皇室記者であった藤樫《とがし》準二《じゆんじ》による解説にもとづいて、皇居内の建物の配置や歴史、現在の様子、そして自然を紹介している。そのなかではまず、旧宮殿や庭園が「東洋屈指」の優れたものであったことが強調されている。こうした文言は、前章の「占領下の皇居」で紹介したような皇居を国家の中心と考えたり、ナショナリズムの表象と捉える意識をおそらく踏まえてのものと思われる。記事はまた、皇居が未だ「焼跡」であることを強調し、「一時、話題をにぎわした新宮殿の再建については、やがて軌道に乗ることであろう」と述べている。以前存在した優れた建築物の復活を望むため、あえて未だ再建がなされていない状況であることを書いたともいえるだろう。

皇居の観光地化をより明確に示した文章は、漫画家・イラストレーターとして知られた松下紀久雄《きくお》による「皇居を参観仕る」（『婦人生活』八―八、一九五四年）である。松下はこのなかで、皇居参観に国民が殺到している様子を「逆コースの雲ゆき怪しき折から、人間天皇へ少しでも近づける、思いがけない喜びにひたろう」とするものだと評している。象徴天皇との接触を自ら求める国民の思いがそこにあると見ていた。松下の文章では参観コースに沿って、皇居内部の様子が写真や絵を交えて語られる。そして「出口は縁日さながら」という小見出しが付けられた文末では、数多くの参観者が皇居に集まり、観光地化している様子を彼らの声を掲載しながら読者に提示した。

こうした皇居の内部を紹介する記事によって、実際に訪れなくても国民は皇居が開放されたことを認識し、そして参観を追体験することができた。そしてこうした記事によって、国民にとって皇居が親しみある空間であることが宣伝されていったのである。

修学旅行のなかに

この皇居参観はまた、東京旅行のスケジュールに加える優れた見学地として、修学旅行雑誌に紹介されることもあった。「楽しい皇居参観」(『修学旅行』九、一九五四年)とタイトルが付されたその文章では、皇居の内部の紹介や参観資格などが示されているほか、修学旅行の立場から宮内庁へ三点の要望が記されている。

それは第一に、学生参観日を特設してほしいというものである。特に参観資格で、高等学校以上の生徒とされていたものを中学生にまで広げて欲しいという要望が強く主張されている。これは、当時中学校で教育を終える国民がまだ大多数であり、それへの配慮を求めたものであった。こうした希望はかなり出ていたようで、宮内庁は一九五七年（昭和三二）六月より、資格を中学生以上に拡大する（『朝日』五七年五月一五日夕刊）。なお、一九六七年には参観者の減少や教育委員会・小学校から社会科で見学したいという要望が強かったことから、資格を小学校高学年まで拡大している（『朝日』六七年二月一九日）。教育的効果を求めた意見は「楽しい皇居参観」でも論じられており、学生向きの説明や参観コース、学生デーの特設などが要望されている。

第二に、休憩所の設定などである。皇居参観のコースはアップダウンが激しく、設定よりも時間が必要なほか、途中の休憩所やトイレなどの施設も必要であるとの意見が提起された。これは、皇居が観光地化し、参観者が増加することによって登場した要望といえるだろう。参観者への利便・配慮を求めた結果ではないか。

第三もこれに関連して、参観中の説明をより丁寧にしてほしいというものである。「新しい意味の天皇への理解を深める絶好の機会であるから」という理由が述べられるように、参観資格が拡大されたとはいえ、それが未だに皇居を本格的に開いたことにはつながっていないと見られたのである。参観者は宮内庁の対応に旧態依然のものを感じたのであろう。充分に準備された説明と参観者からの質問にも答えて欲しいとの要望は、観光地として皇居を参観に来たという側面のみならず、天皇について知りたい、より身近に感じたいという、占領期の国民の意識との連続性を読み取ることはできないだろうか。

『皇居に生きる武蔵野』

皇居参観でもそのコースから除外された吹上御苑であるが、ではそこは完全に閉じられ、神秘のベールに包まれたのであろうか。実はそうではない。一九五四年（昭和二九）六月二三日から七月一四日まで『毎日』に連載された「皇居に生きる武蔵野」は、その吹上御苑を中心とした皇居の自然を写真付きで伝えるシリーズで、国民にその様子を広範に伝える役割を果たした。この連載は読者からの反響も大きかったようで、入江相政《すけまさ》侍従らから新たに寄稿された文章も含めて、『皇居に生きる武蔵野』（毎日新聞社、一九五四年）としてまとめられて出版された。

この連載は、『毎日』の社会部記者らが皇居のお堀を見て（毎日新聞社本社は皇居そばの竹橋にある）、その四季の自然を「東京の奇跡」と感じたことがきっかけのようである。少し長くなるが、それがどのような経路で記事となったのかを見てみよう。

この奇跡の秘密を解明したいというのが、われわれの念願であった。秘密はお堀につ

図９　『皇居に生きる武蔵野』

ながる皇居にのこされた武蔵野にあり、この探訪は許されないことであった。たまたま皇居の参観が許されることになった機会に、あるいはこの念願が許されるのではないかと思い、宮内庁に同庁詰桐山記者を通じ皇居内の動植物の取材の願いを出した。翌日すぐ呼び出しがあり、侍従小畑《おば》忠《ただし》、総務課長曽我部《そがべ》久《ひさし》両氏にお会いした。すでに春も過ぎ、おおかたの植物の開花が終り、鳥も移動しているものが多い。取材するならありのままの姿を報道してもらいたいが、その機を逸しているのではないかということであった。話が終わってから、これは陛下からのおことばであることがわかり恐縮した。造船疑獄その他暗い新聞記事ばかりで、国民は明るいニュースを渇望している。少しくらいむりでも、陛下の愛情にはぐくまれている野鳥の楽園を取材して、国民に明るいニュースを提供したいと重ねてお願い申し上げたところ、数日にして許可がおりた。

あとで聞くと、陛下はその翌日から二日間、自ら皇居内をお歩きになり、植物の開花、鳥類の生態をお調べになり、これならよろしいであろうとお許しになったということでまた恐縮した（『皇居に生きる武蔵野』）。

ここで注目されるのは二点である。第一に、参観資格が拡大されて皇居が開かれたことが記事の契機となっている点である。しかしそれにもかかわらず吹上御苑が閉じてしまっていることに対し、『毎日』はその場所こそが皇居の自然という魅力を伝える絶好の空間だから記事にしたいと考えた。都市化した東京のなかで、自然が残された吹上御苑の貴重さを認識し、そのアピールの重要性を意識していたといえる。

そして第二に、この『毎日』からの希望を最終的に了承したのが天皇という点である。吹上御苑が天皇皇后の私的空間として宮内庁内で認識されていたからこそ、天皇の意思を確認する必要があったのだろう。それとともに、吹上御苑の様子が記事となったことに天皇が関係していると伝えられることにも大きな意味があった。国民がその内部の様子を知ることができるのは、天皇の配慮があったからだと印象づけるからである。こうした天皇の意思の伝播は、国民との心理的距離を縮めることにもつながる。そして、天皇が国民のことを思い、記事を許可したと国民に伝わっていく。『皇居に生きる武蔵野』に掲載された文章には、そうした意味もあったのではないだろうか。

『皇居に生きる武蔵野』は、主に皇居内の植物や鳥などの自然が写真付きの文章で描かれていたが、吹上御苑内にある賢所《かしこどころ》も含めて、建物の写真も掲載された。国民は皇居参観では吹上御苑に入ることはできなかったが、マスメディアを通して見ることができた。マスメディアを通して、吹上御苑は開かれていたのである。

皇居造営の予備調査

皇居再建をめぐる基礎的調査

前章の「占領下の皇居」で述べたように、一九五一年（昭和二六）の皇居再建運動は最終的には実現されなかった。しかし内閣・宮内庁では同時期、皇居再建に関する準備を進めはじめていた。一九五三年に建設省の小幡祥一郎《おばたしょういちろう》が「戦災で焼失した宮殿の再建の為に出向してほしいという強い要請」（小幡祥一郎『皇居造営』丸善出版サービスセンター、一九九八年）を受け、宮内庁管理部に出向する。建設省から官僚が宮内庁へ出向されたことは、皇居再建に着手しようとする内閣・宮内庁の姿勢と見ることができるだろう。宮内庁ではこの人事を受け、この年の一一月に「宮殿造営に関する調査計画」を立案し、基礎的調査が開始された（宮内庁書陵部宮内公文書館蔵「皇居関係造営録」)。これは明治宮殿や赤坂離宮の造営に関する経緯や設計資料を収集・調査するもので、前例をまず検討する、文字通り皇居再建に向けての基礎の調査であった。そのため、予算は当時の一般会計予算が約一兆円のなかで調査に充てられたのは年額三〇万円程度の少額であったが、これが継続されることによっていつでも皇居再建がなされる体制が整えられたのである。なお以後、小幡が出向した宮内庁管理部が担当部局として造営のための調査などに従事した(『昭和天皇実録』一九六九年一一月一四日条)。

森暢平が指摘するように、一九五一年の時点では皇居再建に消極的であった宮内庁が再建の方向へと動き出した背景には、特に天皇が仮住まいを続けていた御文庫《おぶんこ》の天井が崩落した出来事があったからだと思われる(森前掲論文)。戦時中に建設された御文庫はコンクリートに水分を含み湿気が非常に高く、雨漏りもしていたことから、一九五三年六月に改装を行って住環境の改善が図られた。宮内庁は皇居再建ができないなかで、既存施設の改造で乗り切ろうとしたのである。その工事完成後の九月二三日には天皇も御文庫に移り、そこでの生活に戻った。その後一一月七日午後三時すぎ、御文庫食堂の天井の壁が突然落下する。その状況を後から見た入江相政《すけまさ》侍従は「驚いた事には七割の面積が落下。惨憺たる状態」「ホールと化粧間を除き他は総て危険といふことが分る」と日記に記している（『入江相政日記』一九五三年一一月七日条）。天皇はこの食堂に午後一時すぎまでおり、あわや大惨事となる出来事であった。結局は再工事という結論になるが、このように天皇の居住していた御文庫は一九五〇年代前半には限界に達しており、安全を確保するためにもできるだけ早くに住居を新築する必要性が出てきたのである。

皇居再建をめぐる宮内庁と世論

ただこの時期の宮内庁は、一般的には皇居再建には前向きでないことを公言していた。一九五六年（昭和三一）に瓜生《うりゅう》順良《のぶよし》宮内庁次長は「一般の住宅事情等も、そうまだよくなっておるともいえない点もあり、なお、これは外国に対する影響としても、まだ賠償問題なんかも全部解決もしておらない」（参議院内閣委員会一九五六年五月一九日）と答弁している。ここでは、従来のように国民の生活・住宅状況を考えてという理由が皇居を再建しない根拠となっていた。それとともに、戦後諸外国への賠償が予算上必要であり、未だそれが解決していない現段階で皇居再建に国費を裂くことができないという点も再建に前向きではない理由として述べられた。一九五〇年代の、アジア諸国との国交回復がなされかけている時期ゆえの理由ともいえる。

しかし一九五五年ごろになると、マスメディアでも皇居再建に関する記事が登場しはじめた。『朝日』五五年七月八日に掲載された「皇居の再建」という記事では、仮宮殿では「お気の毒だ、不便だ、おそまつだ」という声があがっていることを紹介し、その時点において宮内庁内で検討されていた皇居再建の構想が記述されている。それによれば、再び火事で焼けることのないように防火設備を完備した鉄筋コンクリート造りで、天皇が儀式や行事を行う表宮殿と住居となる奥宮殿の二棟、約三〇〇〇坪の敷地、建築様式は「欧米風を避けたいが、純日本式でも不便、結局、和洋折衷説が有力である」。またマスメディアを意識して、新聞・ラジオ・テレビなどの取材室を設けるとまで書かれている。その内容はかなり詳細に描かれており、おそらく宮内庁側から情報が伝えられたのだろう。記事は、天皇の「国民の衣食は大分向上したようだが、住宅はまだ大変なようだから、宮殿の再建はまだ時機が早いのではないか」という言葉と、宮内庁も皇居再建が具体化するのは一〇年先であるとの見通しを持っていることを最後に紹介している。しかし、こうした情報がマスメディアに流されること自体が、皇居再建を具体的に進める世論づくりともいえるのではないか。

ところで、この記事では新宮殿の敷地をどこに設定するのかについても述べられており、現在の皇居内が有力でありつつも移転説があることに言及している。それによれば、当時構想されていた中央弾丸道路にもとづいて、皇居を富士山ふもとの精進湖《しょうじこ》のほとりに移転して建築してはどうかという意見が政府の一部から出ているという。そこでは、弾丸道路が完成すれば自動車で五〇分ほどで都心に着くことができ、地理的にも日本のほぼ中央に位置し、富士山を見上げる景勝地だから皇居に最適だと主張されていた。こうした皇居移転論はその後も続くことになる。その点については次章で詳述する。

話を皇居再建をめぐるマスメディアの報道に戻そう。一九五六年になると、「皇居をお化粧直し」とのタイトルが付された記事が掲載された（『読売』五六年一〇月八日）。これは、講和独立後に国賓クラスの外国使節が多数来日したため、こうした賓客の接待のため「独立国として恥ずかしくないように皇居のお化粧をすることになり」、宮内庁が宮廷費の増額を大蔵省に要求したと伝える記事である。この記事では宮内庁庁舎を改造した仮宮殿が「貧弱」と評価されるように、皇居再建に向かう世論が形成されることを求めた論調となっていた。

予備調査へ

政府・宮内庁でも、一九五六年（昭和三一）一月のエチオピア皇帝来日に伴う仮宮殿での晩餐会後、国賓クラスの接待に仮宮殿では不相応であるとの声があがりつつあった。また、同年に日ソ共同宣言を経て国際連合に加盟し、国際社会との交流もさらに展開されることとなった。そのため、皇居再建に関する本格的な調査を求める動きが高まっていく。

そして政府は一九五七年度予算で、新宮殿の構想を策定するために二百数十万円の調査費を計上することを決定した（森前掲論文）。これまでの基礎的調査に比べ、金額は相当に増大しており、政府は皇居再建に舵を切ったといえる。政府は一九五七年四月に、「皇居造営予備調査に関する件」を閣議で次のように決定する。

（一）諸般の情勢に鑑がみ、政府は近い将来において、皇居造営に着手することの適当なことを認め、その実施計画を作成するため必要な予備調査を行う。

（二）造営される皇居は、日本国及び日本国民統合の象徴である天皇の憲法上の地位に照合し、我国最高の文化を象徴するものであると丶もに、将来永く宮中において行われる国家的儀式及び行事が円滑かつ完全に行われる機能を具有するものであることを要する（「皇居関係造営録」）。

このように、「近い将来」に向けて政府は予備調査を実施することを決め、それまでよりも多くの予算を計上した。また外国との交際を念頭に、「我国最高の文化を象徴」する建築物とすること、その場で「国家的儀式及び行事」が行われるような宮殿を建設することを調査の主目的にしていた。これがその後の皇居再建構想の柱となっていくのである。

この決定を受けて「宮殿造営調査要領」が作成され、宮内庁でも瓜生宮内庁次長を議長とする宮殿造営計画協議会と宮殿調査室を発足した。宮内庁では「新宮殿が、様式等において本邦宮殿沿革の教えるものを基調とすること」「我国の現代文化を象徴表現する最高の国家的国民的な建築であるべきこと」（「皇居関係造営録」）を基本方針として、協議会が同年四月一七日から一九五九年五月一一日までの二年間に計二〇回開催され、本格的な再建計画を策定しはじめた（『読売』五七年七月二二日・『昭和天皇実録』一九六九年一一月一四日条）。協議会では外国の宮殿を調査した結果が報告されたほか、実際の図面も検討されている。また、皇居周辺をめぐる交通問題や皇居開放、皇居内の空気汚染なども話し合われたという（宮内庁書陵部宮内公文書館蔵「宮殿造営調査報告書」）。七月には瓜生が国会で皇居再建の意思を明らかにし（参議院大蔵委員会一九五八年七月二日）、政府・宮内庁の方針が公に明らかとなったことで、それ以後皇居再建をめぐる議論が活発化していく。

宮殿と御所

前述の『朝日』の「皇居の再建」という記事でも書かれたように、皇居再建では当初、明治宮殿のように天皇が儀式や行事を行う表宮殿と住居となる奥宮殿の二棟を同じ場所に建築することが想定されていた。予備調査当初も、宮内庁はそのような方針を採っていた。

しかしその後、儀式などを行う宮殿と天皇の住居である御所が分離して考えられることになる。一九五七年（昭和三二）五月、三谷隆信《みたにたかのぶ》侍従長・瓜生宮内庁次長・入江侍従・侍医の四人で会議が行われ、「宮殿造営に関連して吹上《ふきあげ》の御殿の改築の問題」が議題となり、「皆意見の一致を見」た（『入江相政日記』一九五七年五月六日条）。このように吹上にある御文庫＝御殿（御所）をまず改築してそこを天皇の住居とし、公的な場所である宮殿とは切り離す案が宮内庁内で決定されたのである。

ではなぜ宮殿と御所は分離されたのか。宮殿は明治宮殿跡の西の丸への建設が想定されていた。ところが天皇は、「吹上御苑《ぎょえん》のところの御文庫に」「長くお住まいで」「気に入っていらっしゃる」（参議院内閣委員会一九五八年四月八日）。これが宮内庁が宮殿と御所を分離した理由であった。自然が残る吹上御苑を天皇自身が気に入っており、それゆえにそこに「適当のお住居を作ったらというように今は考えておるわけであります」と、宮内庁は方針を転換したのである。ここには、天皇の公と私の側面を分ける意図もあったのではないだろうか。皇居参観は宮殿焼跡もそのコースとなっており、表宮殿と奥宮殿を併設して建設すれば、もちろん新宮殿付近も参観の対象となる可能性があった。つまり天皇の私の部分を確保するためにも、参観コースからは外れる吹上御苑に住居としての御所を別に建設しようとしたのではないだろうか。そして結果的には、御所を先に建設し、時間がかかる儀式場としての宮殿は後に建設する方針が宮内庁内では確認された。

こうして皇居再建が本格化していくことになる。政府・宮内庁がこのような姿勢を公にしたことで、皇居をめぐる議論が再び活発化していく。それは、宮殿や御所をどのように建設するかという議論にとどまらず、より皇居の開放を目指したり、移転論や遷都論を含む広範なものであった。それについては次章で論じたい。

御苑を開放し、宮殿をつくる

遷都・皇居移転論と皇居開放論の再燃

皇居移転論の再燃

宮内庁によって皇居再建の予備調査が行われた時期、象徴天皇制は一つの到達点を迎えることになる。ミッチー・ブームである。一九五八年（昭和三三）一一月二七日、明仁《あきひと》皇太子と正田《しょうだ》美智子《みちこ》の結婚が発表された。マスメディアは積極的に彼らの話題を取り上げ、国民は「平民」出身の彼女と皇太子の「恋愛結婚」に熱狂し、ブームとなっていった。象徴天皇制は大衆的な支持の下、その内実が確立していったのである（河西前掲書）。

こうした現象のなかで、宮内庁は内田祥三《よしかず》東京大学名誉教授ら建設の専門家四人を顧問に任命し、皇居再建の予備調査を行って「新皇居の構想試案」をまとめていく（「皇居造

図10　御成婚パレード（共同通信社提供）

営審議会関係資料」)。これは明治宮殿の跡地に七〇九〇坪の新宮殿を、御所は四五〇坪の二階建ての建物を御文庫《おぶんこ》に隣接して建設するという計画であった。この「新皇居の構想試案」は、「清らかで力強い宮殿建設の伝統と新宮殿の良さを活用」すること、「国民に親しまれる現代の代表的建設とする」ことを求めており、「皇室の権威と伝統を表象する皇居／宮殿」と「皇室と国民との距離を縮めるための皇居／宮殿」という二つの目的を並列していた（森前掲論文）。こうした権威と親しみやすさという二つの方向性は、ミッチー・ブームのなかでも見られた宮内庁の対応そのものであった。明仁皇太子と正田美智子という若い二人への親しみは、象徴天皇制への国民からの支持にもつながっていた。一方で、宮内庁はブームの行き過ぎを恐れ、その是正も図ろうとしていた。その宮内庁の姿勢は、「保守的」「前例主義」としてブーム中にマスメディアなどから批判もあった。それが皇居再建にも反映していたのである。

宮内庁による予備調査やミッチー・ブームを受けて、一般でも皇居再建に関する議論が行われるようになっていく。この時の皇居再建に関する議論は、皇居移転論や皇居開放論と密接に結びついていた。管見の限りでは、一九五八年三月ごろからこうした議論がはじまっている。例えば、社会党の茜ヶ久保重光《あかねがくぼしげみつ》は衆議院内閣委員会で次のような主張を展開した（衆議院内閣委員会一九五八年三月一八日）。

天皇並びに天皇家に対してほんとうの自由をお与えする、と言っては語弊がありますが、自由な存在であるためには、むしろ思い切って皇居というものを根本的に考え直して、天皇御一家をあの宮城という日本の国民にとっては古い固定した観念で見ているところのあの存在から離して、皇居そのものをもっと自由な場所に求めることが、私はこの際日本という一つの存在の中において有意義じゃないかと思う。例をもって申し上げれば、京都の御所なり何なりにお移りになるということも考えられると思う。

……奈良朝から平安朝という時代の皇室というものは、ずっと下の庶民とは非常に遊離しておったが、一般の庶民とは精神的にはやや結びついた時代ではないかと思う。そういった一つの歴史的な思い出のある奈良とか京都、こういったところに……皇居を移すということを……今後の皇室と国民とのつなぎ目というものが生れる一つの基底にもなるのではないか、かようにも思うのであります。

このように茜ヶ久保は、国民と天皇との結びつきを強化するためにも皇居を移転させた方がよいと主張したのである。彼はその後も国会でたびたび皇居移転論を展開し、皇居は国民がもっと広く自由に入ることができるようにしなければならないと宮内庁に要求した（衆議院内閣委員会一九五九年三月六日）。

皇居移転論は国会だけではなく、マスメディアでも展開された。それは『中央公論』誌上でなされた加納久朗《かのうひさあきら》住宅公団総裁、川島武宜《たけよし》東京大学教授、建築家の丹下健三《たんげけんぞう》による「座談会　三界に住いあり」が端緒だと思われる（『中央公論』七三―三、一九五八年）。このなかで丹下は、「まず宮城を解放していただきたい。宮城のあの環境はなんとか残すこと、そうして宮城の周囲をもっと楽しいものにする」と述べて皇居移転論を提案した。「あそこを横断できるようにしたい」と強調するように、皇居跡地のなかに道路を通すのが丹下の構想の大きな柱であった。これは敗戦直後の都市計画の延長ともいえる考え方であろう。丹下は移転後の跡地を全面的に開放してそれを中心としたコミュニティーを形成し、都民のレクリエーション的な施設を建設することも提案した。

これに対して加納も、「あそこを開放して、十字に広い道路を通す」と丹下と同じ構想を披露している。しかも「宮内庁にも話してあるんですが、今の八王子、浅川などの多摩方面、あそこはいいですよ。自然の環境もいいし、交通も便利だし」と述べて、具体的な皇居の移転先まで提案していた。このように、敗戦直後に提起されていた皇居移転論がこの時期に再燃しはじめたのである。

加納久朗「皇居開放論」

加納はこの後も、「皇居開放論」という文章を発表している（『文藝春秋』一九五九年新年特別号）。先の座談会での意見をより発展させたものである。ここで彼は、皇居を「無用の長物」と断じた。

皇居は日本の封建的専制政治のシンボルなのだ。こういう城に民主国家の象徴たる天皇がいつまでも居住しているのは、アナクロニズムという他はない。

このように、加納は天皇が城に住んでいることを批判していた。こうした論理は敗戦直後の高松宮の意見と同じものであった。加納はさらに、「天皇のお身体を案じて」皇居移転論を主張していると述べる。皇居の周辺が自動車の排気ガスによって汚染されており、「日本の象徴をこのような不衛生極まる所にお住まわせしておくのは非科学的であり、国民が真に皇室を敬愛するならば、非礼も甚だしいといわねばならぬ」との意見を展開していた。つまり、皇居が都市計画上邪魔であるから移転を主張したのではなく、むしろ国民との接点や親愛という感情からこうした意見を述べているのだと強調するのである。加納は先の座談会とは異なり、空気の良い葉山の御用邸を改築整備して移転先の皇居（御所）とし、八王子周辺の丘陵地には御用邸を、公式の儀式を行う宮殿は赤坂離宮にしてはどうかと提案した。そして皇居と宮殿を結ぶ直線道路の建設も求めている。

この加納の文章はかなり注目を浴びた（森前掲論文）。なぜだろうか。第一に、この皇居移転論が東京湾を埋め立てて新首都を建設し、そこへの遷都という構想とセットになっていたからである。加納の構想はこの時期の初めての本格的遷都論であった。加納は、遷都した東京湾周辺へ最終的に皇居を移転させることを構想していたようである。彼は『新しい首都建設』（時事通信社、一九五九年）という本を出版し、そのなかでも皇居移転論を主張してそれと新首都への遷都とを結びつけた。第二に、加納が元華族出身でありかつ吉田茂《しげる》などの政治家とも近い保守人脈にいたことで、遷都は夢物語ではない実現可能なプランだと見られたことも注目させる理由となった。そして第三に、ミッチー・ブームという状況によって国民と象徴天皇のさらなる親密化が期待されており、そうした雰囲気と国民と天皇を近づけるための皇居移転という構想が合致したからである。

第三の観点からは、国会では社会党の議員によってその主張がすでに展開されていた。先述の茜ヶ久保のみならず、参議院議員の栗山良夫《よしお》は宮内庁に皇居再建計画を尋ねるなかで、次のような皇居移転論を展開した（参議院大蔵委員会一九五八年七月二日）。

新憲法によって天皇は人間天皇に新しく再出発をなさったわけでありますから、やはりそういう意味での構想というものが考えられてしかるべきではないか……何しろあの歴史的な建物である江戸城というものが、できるならばあそこの中へ国民がだれでも入って重要文化財としてあれを参観できるような工合にする、そしてそこの中にりっぱな宮殿ができるならばできるで、そして天皇の私生活の方はどっか閑静なところでおやりになって、あそこへ、しょっちゅう公けの建物としての宮殿へお出ましになって国来《くにこ》をおとりになると、こういうようなことをすると非常に明るくなりやしないか、皇室と国民とのつながりというものが非常に近親感を増すのではないか

ここで栗山は、従来のような荘厳《そうごん》なものではなく、国民との距離が近い建築物として皇

居が再建されることを主張した。具体的には宮殿と御所を分離し、御所は都心から離れたところに、宮殿は国民に開放されて文化財として自由に参観できるような仕組みを整えるようにと宮内庁に要望している。このように社会党の議員が皇居移転論を主張した背景には、社会党が一九五〇年代に象徴天皇制を肯定する路線を採用した（冨永望『象徴天皇制の形成と定着』思文閣出版、二〇一〇年）ことが大きいだろう。社会党は国民と天皇の距離の近さこそが象徴天皇制のあり得べき姿と捉え、そのためにも皇居はより国民に身近でなければならないと考えて皇居移転論を主張した。国民と象徴天皇には城の堀に見られるような物理的に隔てがないことを目指したのである。

また一方で、このように社会党が国会で皇居移転論を展開していたからこそ、保守人脈である加納までもが同じ論を展開したことのインパクトは大きかったと思われる。この時期、保守革新を問わず、皇居移転論が提起されはじめていた。

皇居移転論の広がり

加納の文章を受け、皇居移転論がマスメディアで盛んに取り上げられていく。皇居移転論では移転後に旧皇居を全面的に開放することが主張されており、その点では開放論を含み込んでいた。皇居移転論は主に次の二点から展開された。第一に、城のなかに皇居があることは「時代錯誤だ」という議論である

(『読売』五八年一二月二〇日)。これは敗戦直後の議論が再現されたものであり、先述したように加納も展開していた意見である。敗戦直後に遷都論を展開した木村毅《き》は、この時期になって再び京都への皇居移転を主張した(『読売』五九年一月一六日)。しかしこの時は皇居移転論のみで、遷都までは言及していない。木村の皇居移転論は、旧江戸城からの皇居の移転が国民と天皇を結びつけることにつながるという発想だった。

こうした議論は、天皇を政治の中心(東京)から離れさせることこそ文化的な象徴天皇には重要だという主張へと発展していく。敗戦直後の亀井勝一郎《かついちろう》が展開したようなこの議論は、この時期には作家であり評論家でもあった臼井吉見《うすいよしみ》によってなされた。臼井は政治の中心である東京から離れて京都御所への皇居移転を主張した。興味深いのは、臼井が「自分の意志と判断に基いて、婚約者をえらんだ皇太子」が登場したこの機会にこそ、「封建的独裁者の居城であった現在の皇居」からの移転がふさわしいと述べた点である(『朝日』五九年一月一日)。臼井は別のところでも「将来江戸城という、かつての封建大名のつくった建物に、民間出の娘と一しょになった人が住むのはおかしい」と主張しており、ミッチー・ブームを皇居移転論の一つの根拠としていた(『週新』五八年一二月二九日号)。つまり、明仁皇太子と正田美智子の婚約発表によって新たな象徴天皇制の展開を期待し、それを理由として皇居移転論を主張することにこの時期の議論の特徴があった。『朝日』は、天皇一家の新春の団らん風景、皇太子と正田美智子の様子を伝えた元日の記事とともに、「いまが絶好の機会」とのタイトルを付けた臼井の皇居移転論を掲載している。マスメディアまでもがそのように皇居移転論と象徴天皇制の展開過程を結びつけ、移転をあおっていたともいえるのではないか。

このように、ミッチー・ブームが皇居移転論に拍車をかけた。評論家の松岡洋子《ようこ》は、皇居移転が「親子別居という不自然なしきたりを破る」きっかけになると主張する（『週刊女性』五九年一月二五日号）。松岡の皇居移転論は、皇太子の結婚を「普通の家庭」のあこがれとして捉え、そうした表象として象徴天皇制を求めたがゆえに提起された議論であった。衆議院議員の宇都宮徳馬《うつのみやとくま》は「憲法も変り、若い人々の感情も変ったのに、皇居だけがこのままでは、いまに政治問題化しよう」「住宅と緑地不足の都民にとって、皇居を開放することは、信頼感と期待を持たせることにもなる」と述べ、新たな象徴天皇制に適合的な皇居のあり方を求めた（『週朝』五九年一月一一日号）。皇居移転によって象徴天皇は国民により近い立場になるというのが彼らの意見であった。

『週朝』五九年一月一一日号に掲載された記事では、宮内庁によって構想されていた皇居再建計画が住居でなく宮殿の再建であって、「人間的ではない」とする批判意見を採り上げている。このことからもわかるように、宮殿という形態がそもそもミッチー・ブーム後の象徴天皇制においてふさしくないと考えられていた。そうした建築物が家庭的ではないという批判である。ミッチー・ブームは皇太子と正田美智子の「恋愛結婚」が国民の支持を得ていたことに意味があった。「恋愛」は旧来の「家制度」からの脱却であり、彼らが新しい近代的な家庭のモデルになると考えられていたのである。こうした思考から『暮しの手帖』の編集者であった花森安治《はなもりやすじ》は、「社長が構内住宅に住んでいるような状態は人間的でない。公私混同だ」との比喩を使い、宮殿のスタイルを批判した。つまりもっと家庭的で、開かれた住居としての皇居をつくるべきではないかという意見である。『週朝』の記事は、ミッチー・ブームによって皇室も開かれようとしており、国民によって皇居の未来図を描き出すべきと結ばれていた。自分たちのモデルとなる象徴天皇制が生まれている時だからこそ、国民に身近な皇居を国民から求めるべきだと提案したのである。

以上のように皇居移転論がこの時期に再燃した背景には、宮内庁による皇居造営の予備調査だけではなく、ミッチー・ブームが拍車をかけ、象徴天皇制への国民的な関心が高まっていたこともあった。

どこに皇居を移転させるのか

皇居移転論は広範に展開されたがゆえに、移転先についても多くの構想があった。『週読』での特集記事では、先述と同じように加納が葉山（伊豆と秩父に別荘、宮殿は赤坂離宮）案を、木村が京都御所案を展開し、評論家の大宅壮一《おおやそういち》は「空気もいいし、好きな生物学研究にも便利だし、観光の点でも外国使臣に喜ばれる」と富士五湖周辺案を示している（『週読』五九年一月四日号）。

こうした様々な移転案を前述の『週朝』の特集記事がまとめている。それによれば、①多摩丘陵（作家吉川英治《よしかわえいじ》）②青山御所（作家三浦朱門《しゅもん》）③三浦半島（評論家中島健蔵《けんぞう》）④東京湾（加納久朗）⑤富士山麓（田中清一《せいいち》参議院議員）⑥京都御所（亀井勝一郎）⑦伊勢神宮（奥井復太郎《ふくたろう》慶應義塾塾長）⑧高千穂（大宅壮一）などが移転先の候補としてあげられていた（『週朝』五九年一月一一日号）。このうち興味深いのが、新しい時代に適合した「近代的」かつ「個人生活」を楽しむように提起した吉川と「ふつうの住宅より少し大きい程度」の皇居を求めた三浦の案である。三浦のそれは皇太子の新居ともセットとして構想されていたことから、ミッチー・ブームを受けての案だったとも考えられる。彼らはこのように一般的な家庭生活を営む人間として象徴天皇を捉えていたがゆえに、権威的で荘厳《そうごん》な皇居再建を求めず家庭的な住居としての皇居を構想したのである。つまりこの構想も、ミッチー・ブーム後の国民との親密化という新しい象徴天皇制の動向と軌を一にする考え方だといえる。

また中島の三浦半島案は、昭和天皇の生物学への興味関心をもとにして提唱された意見であり、先の大宅の富士五湖周辺案とも通底する考え方である。また、東京への道路を建設するという点では加納とも同じであった。中島は象徴天皇を政治から切り離された存在と見て、皇居を国立生物学研究所にして天皇をその所長に据えようと構想した。つまり、趣味に没頭することこそ、象徴天皇の責務であると考えていたのである。天皇を文化的な存在として認識し、その表象にすることを求めた皇居移転論だった。これは京都御所案とともに、政治の中心である（と象徴天皇としての行事を行う）東京と天皇の住居を地理的に分離し、象徴天皇をより文化的存在とする構想だったともいえるだろう。

一方、前述の加納の案や富士山麓を提案した田中の案は、大規模開発を想定したものであった。田中は東京までの縦貫自動車道路建設を求め、富士山麓に整然とした都市をつくりあげて皇居をその中心に据えようとした。つまり東京からの遷都論を伴うものである。こうした皇居移転論が提唱された背景には、東京の急速な都市化の問題があった。高度経済成長に伴い東京の人口集中や「交通の動脈硬化」は社会問題化しており（『読売』五八年一二月二〇日・一二月二一日社説)、皇居を移転させて跡地に道路を通そうとする都市計画は敗戦直後よりも現実問題化していた。先述した座談会の丹下の提案も、こうした都市化・都市計画の問題と密接に関わっていた。経済成長のなかで、大規模な国土開発が構想されていたがゆえの遷都論・皇居移転論だったともいえる。その意味で、敗戦直後のようなそれまでの天皇制を断ち切るための遷都論・皇居移転論とは性格を異にするだろう。

このように、東京の都市問題が遷都の構想と皇居移転論をセットで論じさせる要因になった。

皇居に道路を

広大な皇居の地所が、放射線状に発達した東京都の中心に存在しているために、どれだけ交通網が阻害されているか、皇居周辺のものすごい自動車の洪水を見ればうなずける(『サ毎』五九年一月一一日号)。

こうした認識は、皇居を移転させてその地下に道路を通すという計画になった。東京都立大学教授・日本都市美協会会長の石原憲治《けんじ》は、一九五九年(昭和三四)七月に岸信介《のぶすけ》首相へ「皇居および周辺のあり方についての意見書」を提出した。そのなかでは、東京都の交通問題解決のために首都高速道路計画を再検討し、皇居の下にトンネルを建設することも考慮すること、乾門《いぬいもん》から東京駅方面に抜ける道路建設を実現すること、旧本丸地区を国民公園化することなどを要望している（石原憲治「皇居開放と都市開発問題」『都市問題』五〇―一一、一九五九年）。この日本都市美協会は都市計画の点から皇居移転論に熱心だったようで、評議員の福島謙造《けんぞう》も、皇居は激増する交通量の緩和にとってガンだとまで言い切って、移転を強く主張していた（『毎日』五八年一二月二七日）。このように皇居を貫く道路建設の動きが再び活発化したのである。

この構想はかなり広がりを持っていたようである。『読売』は東京都などが定めた高速道路網や地下鉄の計画を「皇居に〝ご遠慮〟して回り道している」と批判し、皇居を貫く計画への変更を暗に求めていた（『読売』五一年一月五日）。また、皇居の旧本丸や石垣が文化財指定を受けることが現実化した（『東京』五九年一月二三日夕刊）際、建設省から「道路計画に差支え」があるとの意見が出ている（『東京』五九年四月二〇日）。これは、乾門から道路を通す計画は長年にわたってなされており、「時代の要請」でもあって容易に変更することはできない、それゆえに文化財指定によって道路建設が阻まれることを避けたいとする彼らのねらいがあった。つまり、建設省までもが皇居を貫く道路の建設を意識していたことがわかる。こうした構想は東京の都市化が深刻化するにつれて現実味を帯びてきており、それゆえに皇居移転論が提唱されたのである。

マスメディアによる皇居移転論

ここまでの記述からもわかるように、皇居移転論はマスメディアのなかで数多く紹介されていた。『読売』は社説のなかで、「いまの皇居を開放されて、適当な地に新皇居をもとむべきだという説に賛成したい」と主張した（『読売』五八年一二月二一日）。具体的な名前には言及していないものの、おそらく加納の意見に触発されて都市開発・交通問題の観点から皇居移転論を展開しており、皇居に道路を通す案も提示している。また、「人民をへだてる堀や、城壁のない、そして、人民の呼吸が聞こえるほどの適当の広さの新皇居をつくって、おすまいになってこそ、人民との親近感も、ますます深まるであろう」と結んでいることからも、ミッチー・ブーム後の象徴天皇制のあり方と皇居移転論を関連させていることがわかる。『読売』はその後も皇居の地下に立体道路を建設する都市計画を紹介したり（『読売』五九年一月五日）、「皇居開放をどう思うか」と題する東京駅前広場で行った路上討論会（同五九年一月六日）を、また「皇居はどうあるべきか」と題する読者の投書を集めた特集（同五九年一月一六日）を組んで、皇居移転論を大きく取り上げた。

そして「よみうり寸評」でも「宮内庁当局には、移転を望む大衆の声にも十分耳を傾ける義務がある」と厳しく断じ、郊外に移転したときの沿道警備が大変だという意見も「戦前の天皇観と一つも変らない」と反論する。「歴史的伝統からいって現皇居がいいというが、真の歴史的伝統を言うならむしろ京都ではないか」とも宮内庁を責め立てている（『読売』五九年一月七日夕刊）。つまり『読売』は、国民に近い皇居のあり方を主張し、後述するように移転に否定的な宮内庁を批判した。皇居移転論を大きく取り上げた背景には、社としてそれを主張する意図があったのではないだろうか。

このように、マスメディア自身も皇居移転論を展開していった。『朝日』はかなり早い段階から皇居移転論について言及しており、瓜生順良《うりゅうのぶよし》宮内庁次長が国会で皇居再建の意思を明らかにした直後、「天声人語」のなかで「いかめしいお城構えの皇居よりも、都内の快適な地にお住居を営まれたらよさそうに思われる」と述べ、現在の皇居の位置は「民間でいえば構内社宅の暮しのようなものだ。私生活と表の公生活とがゴッチャになって、心からおくつろぎになれないのではないか」との意見を展開している（『朝日』五八年七月四日）。この他にも皇居移転後の跡地に道路を貫通させること、公園として開放することにも言及するなど、『朝日』が皇居移転論を念頭に置いていることは明らかであろう。ミッチー・ブーム以前からこうした意見がマスメディアのなかからも現れていたのである。『毎日』は『読売』や『朝日』に比べると、積極的に皇居移転論を掲載していない。しかし「余録」のなかで、都市計画の面からのみならず、天皇の住居という観点から都心という環境は決して快適ではなく、もし必要ならば事務所にあたる「公的皇居」だけ残しておく方法もあると述べている（『毎日』五八年一二月二九日）。「九重《ここのえ》の奥深く」という現在の構造が国民の皇室に対する親近感を阻んでいるとこの記事では認識しており、都市計画という側面ではなく国民と象徴天皇制の関係性を構築するため、皇居を移転させることも視野に入れておく必要があるとの考えだったのではないか。以上のように、マスメディアでも皇居移転論が広く報道され、国民に伝わっていった。

移転後の跡地利用

皇居を移転した場合、その跡地をどのように利用するかについても、皇居移転論を展開する論者のなかでは提案されていた（以下、特に言及しない限りは前掲『週朝』五九年一月一一日号）。

まず多かったのが、これまでもたびたび出てくるように跡地へ道路を通す計画である。乾通りを貫通する道路のほか、半蔵門から東京駅八重洲《やえす》口へ抜ける地下自動車道・桜田門から九段下に出る地下自動車道などが構想された。東京の交通事情を踏まえ、その解消を目指すための皇居移転論は根強かったといえる。

第二は国民公園案である。皇居前広場がすでに敗戦後には国民公園として整備開放されており、移転後の皇居もこの延長として国民公園化し、国民に開放すべきとの構想であった。「占領下の皇居」の章で述べたように、敗戦直後に皇居の旧本丸を公園化する計画があったからであろう。この構想はその後も展開していく。その点は後述したい。第三は江戸城再建である。これは国民公園案から派生し、江戸城天守閣を再建して国民公園の目玉とする案であった。『週朝』では劇作家の飯沢匡《いいざわただす》や村瀬清《きよし》千代田区長がこうした意見を提案している。先述のように、皇居の史跡化が現実味を帯びているなかでの、歴史を感じさせる施設としての再建と国民への開放を求めた構想ともいえる。第四は美術館案である。これは亀井勝一郎によって提起された。天皇を館長にし、各国の学者や芸術家と交流させようとする構想で、象徴天皇を文化的存在と捉えていた彼らしいものだといえるだろう。第五は自然公園案である。これは特に吹上御苑《ふきあげぎょえん》の自然を意識した構想であった。前章で言及した『皇居に生きる武蔵野』に代表されるように、皇居の自然は世間で高い評価を受けていた。野鳥や小動物などを観察する公園として整備し国民に開放するという意見を、林野庁森林保護室長の葛精一《くずせいいち》や山階鳥類研究所長の山階芳麿《やましなよしまろ》が提案している。第六は芸術の森案である。これは第四とも似通っているが、様々な芸術施設を建設しようとする構想であった。以上の案は、移転後の皇居を公園・広場という公共的空間として開放しようとするものであったといえる。都市のシンボルを求める構想ではなかっただろうか。

これに対して、構想の第七はアパート村案である。花森安治や評論家の三鬼陽之助《みきようのすけ》がこの意見を提案している。跡地に国民が居住する住宅を建築するという構想であった。そして第八は、官庁街を集中させる案である。これは東急会長の五島慶太《ごとうけいた》のアイディアであった。この二つの構想は、東京という都市がすでに飽和状態にあり、土地利用の観点から皇居移転後の空間を有効活用したいという意図が含まれていたといえるだろう。

以上のように、皇居移転後の構想を見ると、東京の都市計画という観点が色濃かったことが確認できるのではないだろうか。

皇居開放論　こうした皇居移転論に対し、移転はせずとも開放はすべきとする皇居開放論もこの時期再び提起された。この皇居開放論も敗戦直後の議論が下敷きとされた。次の投書は顕著な議論であろう。

ぼくは皇居開放に賛成である……皇室の民主化と皇室に対する国民感情からである……国民の皇室に対する親近感、敬愛の情は皇居を住居とされる限りこれまでと変らない。やはり国民の親しめる住居がよい（『読売』五九年一月一六日）。

皇居を国民と天皇との結びつきの空間と思考し、「民主」的な象徴天皇制に適合的な場所として存在するためには、開放が必要であると主張されている。こうした開放論は広がりを有しており、文学者の福田恆存《つねあり》も皇居宮殿のような大きな建造物は必要ないと断じていた（『週新』五八年一二月二九日号）。

皇居開放論も先述の石原が「皇太子ご成婚の記念事業として」「一部を記念公園に」と述べる（『朝日』五九年三月一二日）ように、ミッチー・ブームによる新たな象徴天皇制の展開への期待が念頭にあった。石原はここでは皇居移転論は展開せず、むしろ宮殿は明治宮殿跡に新築し、皇居内に道路を通した上で一部を国民に開放し、宮殿の前を国民が通れるようにすることで国民と象徴天皇とは親しく接することができると主張していた。皇居開放が新しい象徴天皇制にふさわしいと考えたのである。

同様に皇居開放論を主張した磯村英一《いそむらえいいち》東京都立大学教授は、「国民が皇太子妃の決定に最高の敬意と心からの拍手を送ったなかに、皇居についても、新しいあり方を期待する気持ちがどこかに潜んでいる」と述べ（「天皇の地位と皇居解放論」『日本週報』五九年一月二五日号）、皇居開放論とミッチー・ブーム後の象徴天皇制とを結びつけている。また『週朝』五九年四月一二日号には、加納、堀田庄三《しょうぞう》住友銀行頭取、俳優の徳川夢声《むせい》による「新しい時代を創る御婚儀」という座談会が掲載されているが、そのなかでもミッチー・

ブームと皇居開放論が連関されて話し合われていた。また皇居開放論について『週刊東京』五九年一〇月三一日号は「大衆天皇制への一歩前進」と評価しているが、これはミッチー・ブームを評した政治学者の松下圭一《けいいち》「大衆天皇制論」（『中央公論』三七―四、一九五九年）を踏まえたものであった。このように、国民との関係性のなかで皇居開放論も再登場した。つまり、ミッチー・ブームがこの時期の皇居開放に関する議論を大きく展開させた要因となったのである。

国会での皇居開放論

皇居開放論はすでに皇太子婚約前から国会でも議論されていた。移転論が議論されていた時とまさに同時期である。社会党の横山利秋《としあき》は次のように述べる（衆議院大蔵委員会一九五八年七月三日）。

東京のどまん中のことでありますから、私は年に一回や二回は国民に開放したらどうだと思うわけです。何も別に全部開放しろというわけではありません。御利用にならぬところは、春秋くらい東京都民のために皇居の中をもっと広く参観させるとか、あるいは一日の慰安に当てさせるとか、そういうことをお考えになったらどうであろうか。皇室と国民との親愛感といいますか、親睦感といいますか、そういうものを深めるためにも、皇居の一部を今も参観は許されているわけでありますが、もっと広く適当な場所を国民のために春とか秋とか開放なさったらどうであろうか。

横山はこのように、国民と皇室とを結びつけるためにも皇居開放をすべきだと主張した。ここでは、これまでの皇居参観の範囲以上の開放を求めていた。横山はまた、都内の交通を緩和するために道路を通すこと、さらに根本的には皇居を都内近郊に移転させたらどうかとも提案しており、皇居移転論で展開されていた論理を用いて皇居開放について宮内庁に質問した。先述のように象徴天皇制を支持するゆえの社会党の思考といえるだろう。

自民党からも、川崎秀二《ひでじ》がこうした皇居開放論を展開しており注目される（衆議院予算委員会第一分科会一九五九年二月二六日）。

皇居の新造については私賛成でありますし、また同時に現在の地域に宮廷のオフィスを置くということでは絶対に賛成であります。……二重橋を渡って相当の距離を歩かなければ、陛下には一般の民衆は接する機会がない、それは一年に二回だけだというようなことでは、実際に民衆と陛下並びに皇室との接触というものは非常に少い。イギリスでは、御承知のように、バッキンガム宮殿はわずか道路から三十メートルくらいしか離れておらない。従って、女王がいろいろな公務を終えられて帰られるときには、常に群衆が手を振って歓呼の声を浴びせるのに対して、これまた応答されるという非常になごやかな雰囲気が出ておるのであります。できるならばああいう状態にありたい。そういう意味では、皇居を横切っての道路というものがあってもいいのではないか。また同時に、少くとも現在の皇居の半ば以上は開放して、これを緑地帯として、また市民のオアシスの場として利用するということが非常に重要じゃないかというふうに私は考えるのであります。でありますから、全面開放論ではなくして、皇居の、ことに外国使臣を謁見されるオフィスだけは今日の宮城の内部に新築をされるということに賛成であって、お住まいの方は分離をした方がよかろうというのが私の議論です。

このように、与党自民党からもイギリス王室をモデルとしつつ、国民との距離をより近づける観点から皇居開放論が展開された。これは先述の石原の発想とも近い。川崎は皇居開放論を基本としつつ、御所の別の場所への移転も視野に入れていたが、公的な宮殿は現在の場所に建設し、そこに国民がより近づけることを意識していた。国民と象徴天皇との接触が新しい象徴天皇制の姿としてイメージされたがゆえの皇居開放論であった。

このように皇居移転論・開放論は一九五八年（昭和三三）から翌年にかけて数多くの論者によって主張されたが、一方で反対論も展開された。

皇居移転論・開放論への反対

皇居移転論が特集されていた前述の『週朝』五九年一月一一日号でも、何人かの反対論が紹介されている。道路公団総裁の岸道三《みちぞう》は、高速道路網などが完成すれば皇居に道路を通す必要はなくなると予測し、皇居移転は「国政運営上、不便になりはしないか」と述べている。都市計画上皇居を移転させなければならないという指摘に対し、道路の専門家がその必要はないと述べていることの意味は大きいだろう。岸はまた、国事行為を行う象徴天皇が首都である東京から離れることのデメリットを提起している。これは、天皇の住居である御所のみを移転させる案に対する反論であった。西武鉄道会長の堤康次郎《やすじろう》も「日本の象徴である天皇のお住居は都心にあるべきだ」と述べ、岸と同様に皇居と御所を切り離して御所のみを移転させる案に反対した。堤は、日本の象徴である天皇は国家の中心地に住むのがふさわしいと考えていたのではないだろうか。またより素朴に徳川夢声は、「かんたんに割切れない問題だ」「邪魔だから移せ、という議論には賛成しがたい」と述べて、皇居移転への慎重姿勢を示している。

敗戦直後の東京都公園課長で、「占領下の皇居」の章でも述べたように高松宮から遷都論を聞かされていた井下清《いのしたきよし》は、このころには日本造園学会会長・東京農業大学教授となっており、「日本の誇りは大切に」（『日本週報』五九年一月二五日号）と題する文章を発表して皇居移転論への反対姿勢を示した。井下は敗戦直後は都市計画の観点から遷都論に賛成していたが、ここでは意見を転換させている。彼が皇居移転論に反対したのは、タイトルの通り、皇居の自然や歴史・文化が世界的に「日本の誇り」となっており、「世界が認める美観」であるので、現在の場所が皇居として最もふさわしいという理由からであった。すでに対外的な儀礼の場として機能している皇居を移転させる必要はないというのが、この時の井下の意見であった。そして彼は、厳粛な形での整備と一部地域の公開を求めた。皇居という空間が権威を持っていたからこそ提起された意見といえるだろう。

このように、現在の皇居が世界的にも誇りとなる場所であるとの意見は根強かった。ジャーナリストの小汀利得《おばまとしえ》もこうした側面から皇居移転論に反対している（『週朝』五九年三月八日号）。小汀はまた、日本人の公徳心の不足を背景に皇居開放論に反対意見を表明した。開放されればすぐに荒れ果てるというのである。一方で彼は「千代田城」を再建することも求めているが、これは皇居移転論で展開されていた飯沢・村瀬の案とは考え方が異なっていた。小汀は城を再建することで、この空間により権威や歴史・伝統という意味を付加することを目指した。だからこそ城であることにこだわったのである。

こうした反対論は、「皇居開放論に〝断乎〟反対する」との特集にまでなって取り上げられた（『経済時代』二四―六、一九五九年）。ここでも多くの論者は現在の皇居の美観は世界的にも優れたものであり、それを移転させる必要はないという意見を展開した。皇居を権威と捉える人々にとって、移転させることで権威を損なう危険性は避けねばならなかったし、むしろ現在の場所は城であり近代以来皇居が存在している空間だからこそ、権威があったのである。ただしこの特集のなかでも作家の佐藤春夫《はるお》や野鳥研究家・詩人の中西悟《ご》堂《どう》は、皇居移転論には反対しつつも現状を変える必要もあると主張し、一部の開放を求めている。これはミッチー・ブームという状況を踏まえての論だと考えられる。皇居移転や全面的な開放には反対しつつ、一部を開放する必要はあるとの主張も登場していた。

皇居移転・開放への国民の声

前述したように『読売』は五九年一月一六日に「皇居はどうあるべきか」という紙上討論を掲載したが、そこに寄せられた国民からの投書は、皇居を開放・移転せよという意見が二一二通、これに反対する意見が二一七通、一部開放のうえ宮殿は現在の場所に御所は他にという意見が八二通であった。ここでは両者の意見が伯仲していたが、『読売』によれば学生などの若い世代の七割近くが現状維持的で開放するにしても一部でよいとの意見であったという。つまり、皇太子と正田美智子の婚約を強く支持する若い国民の方が、むしろ皇居を移転させることを望んでいなかったのである。皇居移転論がミッチー・ブームをその根拠とするなかで、むしろブームをつくり出す世代がその論を支持しないという事実は、皇居移転論の実現可能性が低かったことを示唆しているだろう。

皇居移転論・開放論はまた、世論調査のなかでこれに関する質問が設定され、その数値が報道されている。『東京』は五九年一月に東京都の有権者九九六人に対して行った「皇居と皇室制度」という世論調査を掲載した（『東京』五九年二月二日）。この調査では、皇太子婚約によって皇室に対して一層親愛感を高めたと答えたのが四六・八％、天皇は元首ではなく象徴のままでよいと答えたのが七五・七％で、全体的にミッチー・ブームによる象徴天皇制の変化を肯定的に捉えていたことがわかる。そして「皇居造営はどう行うべきか」という問いに対し、五九・三％が「現在の場所でよい」、二四・二％が「皇居の一部に住む」（一部開放）で、「都内の他の場所に移る」四・八％、「都外に移る」三・九％を大きく上回っており、この調査からはミッチー・ブームを支持していた国民は皇居移転論に消極的であったことがわかる。

『朝日』も同様に二月に全国二五四三人に対して「いまの皇室をどう思うか」という世論調査を実施している（『朝日』五九年二月二六日）。これによれば、皇太子が正田美智子と婚約したことをよかったと答えたのが八七％で、『東京』の調査同様にミッチー・ブームを国民は支持していたことがわかる。そして、「天皇陛下は新しいお住まいに移っていただいて、いまの皇居を国民に開放して、公園などにするのがよい」という意見に賛成か反対かという設問に対しては、二八％が賛成、五四％が反対と、国民の皇居移転論への反対の意思はやはり強かった。反対の理由として、「皇室の象徴としたい」が最も多く、その次に「昔からの皇居だから」と続いている。おそらく国民は、積極的に皇居を移転させる理由を見出すことができなかったのではないか。

これまで繰り返してきたように、マスメディアでは数多くの皇居移転論・開放論が取り上げられた。ただし、国民のなかに少なくとも移転論への共感が広がることはなかった。

宮内庁はこうした動向を踏まえた動きをとっていくことになる。

宮殿造営にむけて

皇居造営審議会

皇居再建は敗戦後の皇室にとって最大の工事となるため、政府や宮内庁だけで決定するのではなく、有識者などを含めた審議会によって、その内容を検討することを宮内庁は想定していた（森前掲論文）。そのためにつくられたのが皇居造営審議会である。審議会は国会議員一〇人（自民党六、社会党三、緑風会一）と有識者一五人で構成され、一九五九年（昭和三四）五月一四日にそのメンバーが発表された（会長は自民党副総裁の大野伴睦《ばんぼく》）。有識者は文化財や建築の関係者などが多く、その他『朝日』論説主幹の笠信太郎《りゅうしんたろう》、『読売』副社長の高橋雄豺《ゆうさい》、『毎日』社友の阿部眞之助といったマスメディア関係者も選出されている。彼らが委員になったのは、前述のように遷都論・皇居移転論、皇居開放論が積極的に取り上げられている状況のなかで、マスメディアの影響力を宮内庁は無視できなかったからではないだろうか。

一方で、『読売』はこの審議会委員に関して厳しい評価をしていた。社説で「これでは、この問題に関する限り、結論は出たも同然であるといわれても仕方がない」（『読売』五九年五月一八日社説）と断じている。「任命された委員の顔ぶれにははっきりした皇居開放論者は入れられなかった」「委員会の大勢としては宮殿の特殊な性格から宮内庁の原案にそって審議を進めることになりそうである」（同五九年五月一五日）と述べ、審議会はあくまで宮内庁の動向を追認する形になると予測していた。つまり、皇居移転という結論には至らないだろうと見ていたのである。

ところで、この宮内庁の原案とは何だろうか。宮内庁は審議会発足を控え、予備調査を踏まえて皇居再建案を作成していた。まず、先の「開かれはじめる皇居」の章でも述べたように宮殿と御所が分離することが原案では決められた。宮内庁は費用の点、そして象徴天皇が国事行為を行わなければならないことを考えると政治との関係は不可分であるとして、皇居を移転させることについては考慮に入れてはいなかった（衆議院予算委員会第一分科会一九五九年二月二六日、宇佐美《うさみ》毅《たけし》宮内庁長官発言）。そのため、原案でも西の丸の明治宮殿跡に宮殿を再建することが想定された。その宮殿は「新年や誕生日の参賀を受ける際に、なるべく多くの人数が入れるように、両陛下がお出になるバルコニーを中心に、新宮殿前の庭もまわり道を作るなど整備される予定だ」と報道される（『読売』五九年三月三〇日）ように、宮内庁も皇居移転論の根拠となっていた国民と天皇との結びつきという観点を、移転はしないまでも活かした形で原案に盛り込もうと計画したのである。

以上のような宮内庁原案を踏まえ、審議会は六月五日から本会議七回、皇居周辺の道路や東地区に関する小委員会三回、皇居の規模・形式・経費に関する小委員会二回、答申案起草委員会一回が開催され、一〇月八日に答申が発表された。

皇居移転論の否定

審議会での議論を見ておこう。特に注目されるのが、七月三日に開催された第三回の審議会である。ここで「皇居造営等に関する世論」と題する資料が委員に配布された。これはこれまで紹介してきた遷都論・皇居移転論、皇居開放論、またそれらの反対論をまとめたものである。この日の会議はこれをもとに話し合いが行われた。

最初に発言したのは、元侍従次長で文化財保護委員会委員長の河井彌八《やはち》である。河井は「戦前、皇居は、皇室の公に使用する宮殿とお住居と両方ありましたが、先日皇居内を視察（ママ）旧宮殿のあつた場所も拝見したが、宮殿としては、戦前のあの西の丸広場が適当と思います」と述べた（「皇居造営審議会関係資料」）。つまり宮内庁の原案に賛成したのである。ただし河井はなぜ西の丸が適当なのか明確な理由は述べていない。この河井発言以後、各委員は基本的にはこの路線での議論を展開していく。例えば自民党参議院議員の草葉《くさば》隆《りゅう》圓《えん》は、「国の行事をなす公のものは、現位置があらゆる点から考えて結局は一番よい。お住居も現位置から離れたところでは、交通上からも不便その他種々問題が起るから、吹上《ふきあげ》がよい」と述べ、政治との関係上皇居は移転すべきではなく、また警備などの関係から御所を全く別の場所に建設するのも望ましくないと主張した。また宮内庁の予備調査の顧問で審議会委員でもあった内田祥三《よしかず》は、「東京の環境で日本否世界に誇るべきは……皇居以外にはない、今日まで続いてきたこの美観をわれわれの時代にこわすことは、考えられません」と、現在の皇居が日本の「誇り」であると強調して、皇居を移転させたうえで道路を通すという構想を牽制していた。

しかし宮殿と御所を分離したうえで、御所の移転は考慮に入れるべきではないかと発言する委員もいた。社会党衆議院議員の原彪《ひょう》は「天皇が国事を行う公の場所であって公的な、国際的な建物」である宮殿は河井のように明治宮殿跡に建設すべきとしつつも、「お住居については、別個に考えるべきであると思います」と主張した。原のこの発言には、前述の社会党議員による皇居移転論の影響があったのではないか。これは国民との関係性を考え、御所を城の外へ出してしまおうとする議論だった。また『朝日』の笠も、「お住居は、果して現在地以外に可能性がないかという問題は残る。それは、交通問題とも引っかかっています」と発言し、やはり皇居移転論で議論されていた交通問題を考慮に入れる必要性を説いた（そのうえで問題なければ御所も吹上でよいと笠は述べている）。世間に広まっていた問題を考える必要があると彼らは主張しているのである。

ところが議論が一息ついたところで、会長の大野が「大同小異、皇居はやはり現在の地点にあるべしとするのがほとんど全員と存じます」とまとめ、それで審議会の意見は決する。原や笠はここで異論を挟んではおらず、積極的に皇居移転論を展開するつもりはなかったのだろう。第三回を欠席した社会党参議院議員の佐多忠隆《さたただたか》は第四回において、「もっと慎重に審議を重ねてもらいたい」「配付資料をみますと、皇居の現状維持論より、むしろ、開放、移転論の方が多いように判断されます」と主張したが、大野は「一事不再理」を理由に押し切った。こうして審議会では皇居移転論は否定され、宮内庁の原案通り明治宮殿跡に宮殿と吹上に御所の建設が承認されたのである。

審議会では以上のように皇居を移転させて全面的に開放するという論は否定されたものの、皇居の一部を開放するという案は先述の第三回審議会でも多くの委員から提唱されていた。例えば『読売』の高橋は、「旧本丸の東側地区で緑地指定になっている区域は、皇居造営に支障がなければ整備し、なるべく広く公園なり緑地なりにして開放したい」と提起した。高橋のこの発言は、皇居開放論を積極的に取り上げていた『読売』出身の委員らしいものだった。このように宮殿も御所も現在の空間に再建しつつ、一方で旧本丸地区（東地区）については一部整備の上で開放するのが望ましいと、この第三回審議会で主張した委員は複数いた。東京市政調査会会長で元文相・東京市助役であった前田多門《たもん》もその一人である。前田は次のように発言した。

皇居一部開放論

皇居は、広すぎると言われ、それが開放論の根拠になっているが、誤解している者が多い。しかし、実際には、旧本丸地区は皇居からは除かれ、都市計画による公園に指定されています。ただ問題は、同地区の公園化の実施が遅れている点にあります。現在同地区内には、所管を異にする建物が散在し、門にはいかめしい警察官がいるので禁衛地であるというふうに一般では考えられています……要するに、旧本丸を公園として早く開放の実をあげるならば、世間の誤解もとけて、皇居の性格がはっきりするでしょう。そうすれば西の丸に新皇居を造営しても、世論は、賛成すると思います。

ここで重要な点は二つある。第一に、皇居移転論への牽制のためにも皇居の一部開放が望ましいと前田は思考し、旧本丸を開放すれば現在地に皇居を再建しても世論が納得すると見ていたことである。第二に、この時期の旧本丸の管理についてである。「占領下の皇居」の章でも述べたように、敗戦直後にこの地区の多くは宮内省の管轄から離れ、都市計画によって公園に指定された。しかしその後公園として整備されることはなく、宙ぶらりんの状態として放置されていた。前田はそれを批判し、一体として管理しつつ開放することを求めたのである。

第一点目については、宮内庁も皇居移転は思考していなかったものの、国民と天皇との結びつきを強化するための皇居開放論には積極的であった。先述のように審議会開催に先立つ原案のなかでも、一般参賀などで国民は天皇と接触できるような空間を形成することを目指した再建案を策定していた。これは、世間で皇居の一部を開放すべきとの意見が強かったこと（『読売』五九年一月一六日投書・北岡寿逸「皇居一部開放に賛成」『綜合法学』二―四、一九五九年など）を受けてと考えられる。また、ミッチー・ブームのなかで、「恋愛」否定や正田美智子《しょうだみちこ》への「お妃教育」をめぐって、宮内庁は閉鎖的であるとの批判をマスメディアから受けていた（河西前掲書）。こうした批判を意識し、開放によって「皇室と国民との親愛感も一そう深まり、それが国のためでもある」（参議院内閣委員会一九五九年三月二四日）との方針を示そうとしたのではないだろうか。

皇居の付属地としての開放

前田の発言のうち、第二点目も大きな問題であった。旧本丸地区は、土地の多くが大蔵省所管の一般国有財産であったが、一方で宮内庁所管の公用財産の土地とも混在しており、一体となった取り扱いが困難だったからである。こうした現状に対して宇佐美宮内庁長官は第三回審議会で次のような認識を示していた。

東地区は、所管が雑多になっているが、世論その他を考えて、宮内庁としては、書陵部、楽部、厩舎《きゆうしや》その他をどうするか、こちらに吸収できるものは、吸収し、近き将来に整理して、国民が利用できるようにしたい。

このように宮内庁自身は、旧本丸（東地区）をできるだけ宮内庁所管に戻した上で整備し、その後国民に開放する道を望んでいた。宇佐美によれば、大蔵省所管の土地については「数年前から宮内庁に移管する話も進んでい」たようである。一九五〇年代、皇居参観の拡大などで皇居の開放が次第に進みつつあるなかで、旧本丸を宮内庁所管に一体化させて整備・管理する案が浮上していたといえるだろう。
審議会ではこの旧本丸地区の利用をめぐっても話し合いが行われた。第四回審議会で社会党の佐多は公園利用を前提として、「特に子供のための施設を造られるよう配慮を願いたい」と述べている。ここでも国民と天皇の距離を近づけるような整備・利用方法を提案し、国民が象徴天皇制をより支持するような方向へと持って行こうとする社会党の意識を見ることができるだろう。

その後、審議会は道路や東地区に関する小委員会を設け、三回にわたってそれに関する話し合いを続けた。七月二二日に開催された小委員会第一回会議のなかで国立公園協会理事長の田村剛《つよし》が「イギリスのバッキンガムのローヤルガーデンのように、ローヤルガーデンとして気品ある……品位のある公園としたい」と発言しているように、公園化といっても単なるパブリックな公園ではなく、象徴天皇制と近い関係にある公園として、「気品」や「品位」といった権威を保ちつつ整備・開放を目指す意見が小委員会の大勢であった。宮内庁はよりはっきりと、「皇居附属の庭園」という言葉を使用（第二回小委員会、宇佐美長官発言）して、皇居の付属としての空間であること、「公」園ではなく「庭」園であることを強調したのである。

こうした意見に対し、特に東京都は「都民の公園として使うのが理想的だ。宮内庁管理では公園として運営することはのぞめないだろう」（『東京』五九年八月二七日）と不満を漏らしたが、審議会は宮内庁側の姿勢を認めた答申を最終的に提出することになる。そして旧本丸（東地区）は宮内庁が一括管理することになり、「皇居附属の庭園」として整備・公開されることが決定された。皇居開放は、宮内庁の管理の下に一定程度開放するという方向性で決着を見ることになったのである。

なお、道路の件についても同じ小委員会で検討されたが、基本的には景観や文化財保護を理由として皇居内を貫く案などは認められないこととなった（森前掲論文）。

皇居宮殿をどのようにするのか

審議会では、宮殿をどのような規模で建設するのかについても話し合いが行われている。その際最初に問題となったのが、一般参賀との関係である。前章の「開かれはじめる皇居」でも述べたように、二重橋事件後の一般参賀は広い空間であった明治宮殿跡で行われており、大規模な宮殿をそこに建設すれば参賀者を集める広場として使用できなくなる危険性があった。そのため宮内庁側は先に報道された原案のバルコニー案とは異なる皇居前広場での一般参賀を検討していた（第四回審議会、瓜生順良《うりゅうのぶよし》宮内庁次官発言）と答えた。宮内庁は儀式などの関係から、明治宮殿よりも大規模な宮殿の建築を構想しており、宮殿近辺では一般参賀は行えないと見たのである。

こうした宮内庁の思考に対し、日本建築学会会長の二見秀雄《ふたみひでお》は「国民感情からいって親しみ易いもの、規模はあまり大きくないものの方がよくありませんか」と提起している（第五回審議会）。このように、宮殿を国民との関係性を考慮に入れながら建築すべきとの感情は審議会委員のなかに根強かった。審議会は皇居の規模や様式・経費に関する小委員会を設けてその点について集中的に審議しているが、そこでもやはり一般参賀の問題が取り上げられている。特に二見は国民と天皇との接触という観点を強調し、宮殿前の広場をより大きくする案を提案し、他の委員も同調した。その結果小委員会では基本的には宮内庁案で同意しつつも、「できる限り正月や天皇誕生日の参賀の際は、宮殿近くで、陛下が民衆に接しられるように」との付帯条件が付けられることとなった。皇居再建が国民との関係性のなかで規定されたことを示す一つの例といえるだろう。

このほか審議会の議論では、「日本」を意識させる発言も多数見られた。

日本の象徴であられる陛下の使用される宮殿でありますから、経費の枠にとらわれることなく、世界に稀な立派なものを造ったらよいと思います（第一回小委員会、自民党参議院議員大野木《おおのぎ》秀次郎《ひでじろう》発言）。

このように、象徴天皇の使用する宮殿は日本の国家としての威信を見せるためにも、権威を持たせるような建築にすべきという意見は審議会で多数を占めた。経済が回復・成長し、世界のなかでの日本の地位が向上するなかで、そうしたステータスを対外的に表象する空間として宮殿を建築しなければならないという感情が、審議会委員のなかに存在していたのである。宮殿はやはりナショナリズムの表象であった。

「日本」という観点ではまた、使用する建築材についてもそれが強調されている。小委員会では、宮殿には日本特産の木材などを多く用い、内部の調度品も日本産にすることが求められた（第二回小委員会）。宮殿は日本が復興し成長したことを示す空間として認識され、それゆえに権威ある立派な空間としての建設が目指されたのである。

皇居造営審議会答申

以上のような話し合いを経て、皇居造営審議会は一九五九年（昭和三四）一〇月八日、岸首相に対して答申を提出した（国立公文書館蔵「内閣公文・国政一般・皇室・その他・A二九—一」第一巻）。そこではまず、宮殿は明治宮殿跡に、御所は吹上御苑《ぎょえん》内に建築することが明記され、世間で提起されていた皇居移転論は明確に否定された。

そして宮殿は「日本宮殿の伝統を重んじ」、室内は「日本特産の木材、切地《きれじ》等を用い、国産の調度を配し、すぐれた工芸技術を生かした清楚で日本的な意匠とする」と記された。宮殿の庭園についても「日本風」であることが強調されている。対外的な儀場としての空間が意識され、自らのプライドを見せることが十二分に配慮されていた。この後、日本の「伝統性」と「近代性」が相互に強調される空間として宮殿を建築することが強く意識されていく（高尾亮一『宮殿をつくる』求龍社、一九八一年）。

一方、答申には「行事に支障のない場合、一定の日時を限って、一般参観人が正門から入って宮殿参観のできる工夫をも考慮することが望ましい」と記されたように、それまでの皇居参観の慣習を受け継ぐことも意識されていた。つまり、国民との関係性も考慮された宮殿の再建が求められたのである。また、一九五一年の皇居再建運動が要求していた国民からの寄付も認められることとなった。自らの寄付によって皇居が再建されたと国民が認識することは、天皇との距離が近くなったと感じさせることにもつながる。ここにも国民との関係性を意識した再建の動きを見ることができる。それゆえに新しい皇居は「国民の中に降りて来た」とも評された（『週サ』五九年一一月一五日号）。

以上のように宮殿造営に二重の意味が込められていたため、この答申についてマスメディアは「日本建築の伝統的な様式を取入れ」つつ、「国民に親しまれる近代的な様式を加味」した再建計画と報道した（『読売』五九年九月一八日）。皇居は対外的な儀場であることが強く意識されるとともに、国民に親愛される、象徴天皇制への支持につなげる空間であることが常に念頭に置かれていたといえるだろう。

答申はまた、旧本丸（東地区）を宮内庁が一括管理し、「皇居附属の庭園」として整備することも求めていた。「公」園ではなく皇居に付属する「庭」園として、しかも皇居の全面的な開放ではなく宮内庁の管轄下による一部開放という結果に至った。この点でも開放と権威という二重性を持つ答申だったのである。

御所の完成

内閣は審議会の答申を受けて一九六〇年（昭和三五）一月、皇居再建を正式に決定した。建築はまず御所から実施された。宮殿より先となったのは、天皇の住んでいた御文庫《おぶんこ》が前述のように危険だったからである。また審議会答申のなかで、宮殿はさらに専門家の意見を聞いて設計などで万全を期すことも求められていたためでもあった。

御所は総工費一億七九〇〇万円あまり、延べ面積一三五八平方㍍、鉄筋コンクリート二階建ての計画で、同年七月に着工され、翌年一一月に完成、吹上御所と名づけられた。その際重要なのは、天皇はできるだけ経費を切り詰めることを宮内庁へ要望したことがマスメディアを通して伝えられた点であろう（『サ毎』六一年二月二六日など）。天皇が国民の生活を思い税金を使わせないよう求めている姿が、この時にも印象づけられたのである。そして吹上御所は小規模・簡素であることが強調された。

また、この御所を「天皇のスイート・ホーム」と称する記事があった（同前）ように、天皇一家の家庭像を伝える要素としても利用された。御所が小規模・簡素であると伝えられていくことで、一般の国民と変わらない家庭的な象徴天皇像が印象づけられ、そうしたイメージがより受容されていくことになる。

専門家の会合

宮内庁は宮殿再建のため、一九六〇年六月から村野藤吾《むらのとうご》や丹下健三《たんげけんぞう》など建築の専門家一〇名から、宮内庁の試案を示しながら意見を聴取しはじめた（東京都公文書館蔵「内田祥三関係資料」・『毎日』六〇年九月六日）。彼らは宮内庁案におおむね賛意は示しつつも、専門家として厳しい注文をつけている。

まず問題となったのが、やはり国民が接しやすい宮殿という点である。「明治宮殿のような〝威厳第一主義〟」を避けることでは専門家たちも一致していたが、一方で宮殿にはある程度の権威が必要だとする考え方も根強くあった。逆に、村野が「試案は神殿に近い感じがして、親しみがない」と述べたように、国民に親しまれる宮殿を建設すべきとの意見も強調された。権威と親近感のバランスをどうつけるのか。それは象徴天皇制を今後どのような方向性へと導くかにも関わる問題でもあり、両者をどう折衷させて宮殿の設計に活かすのかは大きな課題となっていた。

専門家たちはまた、日本建築という点でもこだわりを見せた。日本調をより前面に押し出すべきとの意見がある一方で、「過去にとらわれず、日本建築のよさを現代に生かす宮殿」を求める傾向も彼らは有していた。伝統建築はそれによって天皇制の歴史という側面を見せようとする思考であり、現代建築を追求したデザインは象徴天皇制の新しさや今後の発展をイメージさせ国民に清新さを与えようとするものでもあった。やはり両者のバランスをいかにつけて設計するのかは、象徴天皇制を今後どう性格づけるかに関わる重要な論点であったといえる。宮内庁もそれに頭を悩ませていた。最終的には「日本建築の伝統的な美しさを現在に生かす」というような、伝統をベースに新しさを調和させる設計とするとの結論になった。

そしてこの専門家の会合で最も強く出された意見は、宮殿前での一般参賀の問題である。専門家たちは造営審議会同様に、一般参賀は宮殿前で行った方がよいと考え、それをもとにした建築設計を求めたのである。建築家らしく「建物の景観からも前庭（広場）を広くとる」という意見も出た。こうした意見から、宮内庁も宮殿前の広場の面積を試案よりもさらに広くとる修正案を作成していく。審議会や専門家会合を経て、一般参賀が宮殿前で行われるような建築計画へと変更したのである。計画全体の基本理念は「威厳よりも親愛を、荘重《そうちょう》よりも平明を」（『昭和天皇実録』一九六九年一一月一四日条）であった。

宮殿造営へ

その後、宮内庁は一九六三年（昭和三八）に臨時皇居造営部を設置し、翌年六月二三日に起工式を行って工事を開始した。マスメディアはこの時も新しい宮殿は「〝親しみと伝統〟基調に」（『日本経済新聞』六四年一月七日）、「伝統と近代美マッチ」（『毎日』六四年一月七日）と報じるなど、伝統と新しさ・親しみが融合している建築物として宮殿を捉えていた。つまり、両者をバランス良く調和させる形で接合させることこそ、これからの新しい象徴天皇制のあり方と考え、それを表象する皇居宮殿の建築を歓迎していたのである。

ところが、一九六八年一〇月に宮殿は竣工し翌月に落成式が行われた時、ここに変化が現れた。この時のマスメディアは、宮殿を「くっきり日本の美」（『朝日』六八年一〇月一六日）、「伝統美にはえる」（『読売』六八年一一月一四日夕刊）と表現して報道している。つ

図11　宮殿正殿（宮内庁提供）

まり、伝統のみが強調され、親しみの部分が欠如してしまっているのである。もちろん国民からの募金があったことは記事中に見えるが、それが以前ほど前面に押し出されているわけではない。基本的には伝統や「日本」の側面が強調されたのである。

なぜ工事前後の四年間で変化したのだろうか。一九六〇年代前半はミッチー・ブームにすでにかげりがあったとはいえ、その経験があったために、象徴天皇を国民に近づけるために宮殿もそのように建設するとの意見が大勢であり、それに応じた設計案が出てきた。ところが、一九六六年には「建国記念の日」が制定され、六八年には明治百年記念式典が開催されるなど、六〇年代後半には天皇制の権威化が急速に図られていた（渡辺治『戦後政治史の中の天皇制』青木書店、一九九〇年）。この状況のなかで、宮殿も伝統と親しみの融合から、伝統や権威のみの方向へと急速に振れていったと考えられる。こうした状況のなかで宮殿は完成し、翌年から使用されていった。

その後の皇居

皇居は総工費一三三億七五〇〇万、地上二階・地下一階の鉄骨造りで、延べ床面積は二万四一七五平方メートル《メートル》。建築に際しての国民からの寄付は一八万七四四人から九六一六万円あった。寄付は宮殿入口の中門、東庭北側にある松の塔、長和殿《ちょうわでん》軒下にある灯籠などの建設費用に充てられた。

皇居宮殿の全容

ここで、宮殿の内部構造などを見ておきたい。表御座所《おもてござしょ》棟、表御座所附属棟、正殿棟、豊明殿《ほうめいでん》、連翠《れんすい》、長和殿、千草《ちぐさ》の間・千鳥《ちどり》の間の七棟があり、それぞれが回廊でつながっている。これら建物に面して中庭《ちゅうてい》、東庭《とうてい》、南庭《なんてい》がある。旧西の丸区域に正殿棟、長和殿棟、豊明殿棟があり、明治宮殿奥宮殿があった場所に表御座所棟、表御座所附属棟、千草の

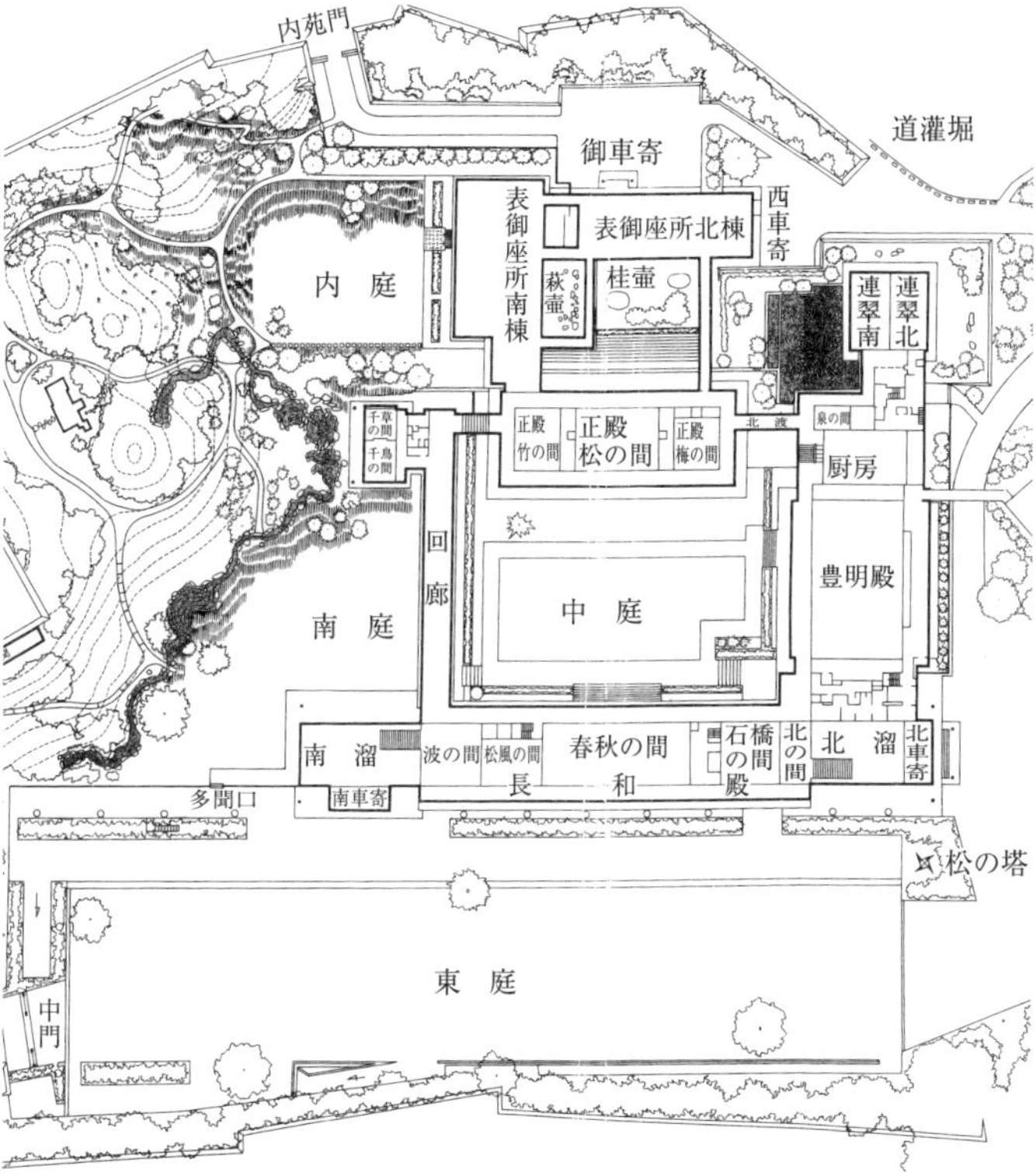

内苑門
道灌堀
御車寄
西車寄
表御座所北棟
表御座所南棟
萩壷
桂壷
内庭
連翠南
連翠北
千草の間
千鳥の間
正殿竹の間
正殿松の間
正殿梅の間
北渡
泉の間
厨房
回廊
中庭
豊明殿
南庭
南溜
波の間
松風の間
春秋の間
長和殿
石橋の間
北の間
北溜
北車寄
多聞口
南車寄
松の塔
東庭
中門

図12　宮殿全体図

間・千鳥の間、連翠が建てられている。

表御座所棟は、天皇が日常の公的な事務を執り行う場所で、付属して侍従などの控室がある。執務室は菊の間、国務大臣などの拝謁室は鳳凰《ほうおう》の間、談話室として芳菊《ほうぎく》の間、皇后用の桐の間などと呼ばれている。

正殿棟は宮殿の中心であり、各棟よりも一段高く雄大に設計された。新年祝賀の儀、信任状捧呈式、親任式、認証官任命式、勲章親授式、講書始の儀、歌会始の儀などの主要な儀式に使用されるのが松の間である。広さ三七〇平方《メートル》、天井の高さは八《メートル》で、かなり大きい。正面中央には玉座もある。正殿には他に、国賓などとの会見に使用される竹の間、皇后誕生日の祝賀や皇后の会見で使用される梅の間がある。

千草の間・千鳥の間は参殿者の休所その他に使用されている。

豊明殿棟には、宮中晩餐や天皇誕生日の宴会の儀、その他多人数の宴会の場に使用される豊明殿がある。広さは九一五平方《メートル》で宮殿中最大の大きさをほこる部屋である。シャンデリアなどの豪華な内装も施されている。豊明殿棟にはほかに、小人数の休所として使用される泉の間もある。

連翠は、午餐や晩餐など小人数の宴会の場に使用される。各国大公使や内閣・学士院などの関係者との食事で利用されている。

長和殿には、レセプションや拝謁など多目的に使用される春秋の間、参殿者の休所その他に使用される松風の間や松の間、北の間がある。また、記者会見などが行われる石橋《しゃっきょう》の間もある。そして、一般参賀のときに天皇一家が立つベランダはこの長和殿である。

宮殿の正面玄関は南車寄で、長和殿にある。そこに続くホールは南溜《みなみだまり》と呼ばれ、休所にも利用されている。同じく長和殿にある北車寄にもそこに続く北溜があり、休所での使用のほか、拝謁にも使用され、記帳所もある。この他、表御座所に西車寄・御車寄といった玄関がある。宮殿は紅葉渡《もみじわたり》によって宮内庁庁舎と結ばれている。

皇居東御苑の開放

皇居造営審議会で「皇居の附属地」としての開放が求められていた旧本丸（東地区）は、その整備の工事が一九六〇年（昭和三五）一〇月より開始された。公園ではなく庭園としての整備が求められたこの地区には、敗戦直後から内閣文庫など宮内庁以外の官庁の建物も建築されてテニスコートなども運営されていたが、これを機に移転させられることになり、宮内庁の一括管理が図られる（森前掲論文）。

宮内庁は一九六一年より、「緑地を主とした林地として造成し、人々が自然の中で憩い、遊歩できるようにするため」の造成工事を開始した（『昭和天皇実録』一九六八年一〇月一日条）。芝生の植え込みや遊歩道の整備、二の丸庭園や百人番所、塀・櫓などの復元・改修などが行われ、庭園には各都道府県の木も植えられた。また天守閣跡の石垣の台地にも歩道が設けられ、台の上から見下ろすことができるようになった（徳川義寛『皇居新宮殿』保育社、一九六九年）。こうした整備は庭園としてだけではなく、旧本丸の遺構を残すために皇居の歴史性を復元するものでもあったといえるだろう。国民への開放が想定されるなかで、単なる庭ではなく歴史を感じさせる空間としての復元・改修が行われた。これは歴史という側面を前面に押し出した整備であり、象徴天皇制の歴史的な部分を国民に意識させるためのものだったのではないだろうか。

そして工事は一九六八年九月に完成した。宮内庁は約二一万平方メートル《メートル》の皇居の附属庭園を約七年かけて整備したのである。旧本丸（東地区）は皇居東御苑《ぎょえん》と名づけられ、一〇月一日より宮中行事に支障のない限りにおいて毎週月・金曜日を除く毎日、国民に開放された。開放当初は人が殺到したようで、「人気もマナーも上々」（『読売』六八年一〇月一七日）、「東御苑に長い列」（『朝日』六八年一〇月二一日）との記事が掲載されている。このなかでは、東御苑の開放は敗戦後から続く皇居開放の動き、ミッチー・ブーム後の国民と象徴天皇との結びつきを示す成果として紹介されていた。

一方でこの皇居東御苑の開放について、『朝日ジャーナル』六八年一〇月二七日号は「言葉のまやかしの響き」とのタイトルをつけて厳しい評価を下していた。まず、総事業費一一億円をかけるほどのものであったのか、そして東御苑は皇居の三分の一のみであり、より全面的な開放が必要ではないかという問題である。東御苑のみの開放が「なしくずしの部分的皇居開放」となっており、それでは「皇室と民草《たみぐさ》のいつわりの対話、といわれはせぬか」と記事は批判していた。つまり、皇居開放論で提起されていた国民と天皇を結びつけるという問題が、東御苑のみの開放では果たされていないのではないかと疑問を投げかけたのである。

そして記事がより批判したのは、宮内庁の一括管理についてであった。東御苑の整備にあたって土地の管轄がすべて宮内庁に移されたことを、「国民が皇室に何がしか捧げたというべきではないか」と述べている。これは、先述のような象徴天皇制をめぐる状況の変化とも関係しているだろう。政府が天皇制の権威化を進めていた同時期、東御苑の整備開放によって宮内庁への土地の集中が進行していた。つまり東御苑の開放も、権威化のなかにからめ捕られているのではないかと危惧されたのである。開放という言葉の曖昧さによって国民はその権威化を感じ取ることができず、むしろミッチー・ブームのような国民と天皇との親しみの関係性が継続していると理解してしまう、記事はそう提起していた。

皇居内の施設

皇居には、宮殿や御所のほかに様々な施設がある。東御苑の開放に伴って人々に開放されているところと、そうでないところがある。それをいくつか紹介しておきたい。まず、宮殿に接続している宮内庁方舎である。明治宮殿の竣工と同時に現在と同じ場所（旧西の丸）に建設され、その後関東大震災などでの被害を受けて、一九三五年（昭和一〇）に同じ場所に建て替えられた。宮内庁職員が働く場所であり、一般に開放されているわけではないが、情報公開請求などで入ることは可能である。

宮殿や宮内庁舎近くにある紅葉山《もみじやま》には、御養蚕所がある。現在の建物は一九一四年（大正三）に貞明《ていめい》皇后の命令で建設され、完成したものである。養蚕は生糸生産の奨励のため、近代の宮中で皇后が積極的に行っており、現在もそれを引き継いでいる。

皇居の東端、桔梗《ききよう》門《もん》や東御苑近くには宮内庁病院や皇宮警察などの建物も存在する。このエリアは皇居東御苑とは異なり、一般には開放されていない。宮内庁病院は皇族や宮内庁職員やその家族などが受診できる。このエリアにはまた、旧枢密院《すうみついん》庁舎が存在する。その建物は重厚な石造りの洋風建築で、外観はそれほど大きくないが非常に立派に見える。

一九二一年に現在の場所に建設され、戦後は最高裁判所庁舎や皇宮警察本部庁舎として使用されたが、一九八四年より使用されなくなった。しかし改修工事の後、二〇一三年（平成二五）から再び皇宮警察本部庁舎として使用されている。

皇居東御苑には、雅楽《ががく》などを演奏する楽部（そこには舞楽台なども存在する）、文書を保存し公開している書陵部、香淳《こうじゅん》皇后の還暦記念として一九六六年に建てられた音楽ホールである桃華《とうか》楽堂などがある。また、昭和天皇死去後の一九八九年に皇室から寄贈されて国庫に帰属した美術品を保存・研究・公開するための施設として、一九九三年に開館した三の丸尚蔵館もある。現在は香淳皇后や秩父宮妃、高松宮妃の遺品、三笠宮家の寄贈品も所蔵しており、展示室では時期ごとに企画展示なども行われ、皇居東御苑の見学コースの一部となっている。

開放されていない吹上御苑《ふきあげ》（ただし二〇〇七年には自然観察会が開催され、初めて一般に公開された）にも様々な施設が存在している。昭和天皇専用の研究施設として建設された生物学研究所は吹上御苑東南の位置にあり、現在も利用されている。その南側には水田があり、毎年天皇が春に田植えをし、秋に稲を刈っている。そしてこれらの近くにあるのが、「戦前の皇居」の章でも言及した賢所《かしこどころ》・皇霊殿《こうれいでん》・神殿のいわゆる宮中三殿である。宮中祭祀の中心地として、新嘗祭《にいなめさい》などの様々な行事が行われている。現在の場所は、戦時中の一時期を除いて、一八八九年（明治二二）から動いていない。このエリアは、テレビなどで天皇などの生活が映し出される時、私たちもその様子を見ることができる。

パチンコ玉事件

一九六九年（昭和四四）一月二日、新年の一般参賀が行われた。一九六四～六八年までの一般参賀では宮殿再建工事のために参賀者への天皇の会釈はなく、宮内庁庁舎前などで記帳や名刺提出のみが行われていた。それゆえ、この年は久しぶりの一般参賀での国民と天皇との対面であり、しかも新しく完成した宮殿で行われることで注目されていた。天皇皇后・皇太子夫妻・常陸宮夫妻は宮殿ベランダに午前三回・午後七回の計一〇回出て、参賀者と対面した。これこそ宮殿の設計者たちが望んでいた光景であった。この日は好天であったこともあり、参賀者は一九万七八七〇人にものぼり、記帳・名刺提出のみの前年を一四万名以上上回った。閉門予定時間を延ばすほどの盛況だったようである（『読売』六九年一月三日・『昭和天皇実録』一九六九年一月一日条）。

この一般参賀で事件が起こった。第一回目対面の最中の午前一〇時二分ごろ、参賀者のなかからパチンコ玉が天皇に向かって発射されたのである。パチンコ玉は男によって四個発射され、そのうち二個は約二七《メートル》先の天皇が立っていたベランダ縁まで達した。パチンコ玉では騒ぎにならなかったため、男は「おい山崎！　天皇をピストルで撃て！」と叫んだ。そして皇宮警察官などに取り押さえられる。その男の名前は奥崎謙三《けんぞう》、ニューギニアから生還した元兵士であった（奥崎謙三『ヤマザキ、天皇を撃て！』新泉社、一九八七年）。また、第四回目対面の直後の午後〇時二〇分ごろ、バルコニーから約五三《メートル》離れた地点で、発煙筒が着火・投棄される事件が起きた。皇宮警察官がすぐに踏み消し、大事には至らなかった。この犯人は一月九日に逮捕され、アナキストとして報道された（『読売』六九年一月九日夕刊）。このように、一般参賀において国民と天皇とが接触することを意識して建築された宮殿で、事件が立て続けに起こってしまったのである。天皇などに怪我はなかったが、宮内庁は以後、参賀者との接触を強く警戒していくことになる。

そして同年四月二九日の天皇誕生日の参賀では、「不測の事態を防止するため」にベランダ前に厚さ一〇《ミリ》ほどのガラスの壁が設置された（『昭和天皇実録』一九六九年四月二九日条）。これは天皇の胸の高さほどのガラスであったという。そして翌年一月二日の一般参賀からは、高さ二・五六《メートル》、横幅九・八五《メートル》、奥行き一・三《メートル》の特殊ガラスで囲まれた「風防室」で参賀者と対面することとなった（『昭和天皇実録』一九七〇年一月二日条）。この様子は「最近のハプニングばやりの社会風潮から……特殊強化ガラスで囲まれることとなった」「宮内庁はこのガラス張りを、風防室といっているが……実際は投石防止用」と報道されるように（『読売』六九年一二月二〇日）、風をよけるためではなくパチンコ玉事件が契機となって、天皇らを守るためにつけられたことは明らかであった。警備も厳重になったため、ガラス越しでの対面であることが強調され、「もう少しなごやかな形にできないものだろうか」（『読売』七〇年一月三日）との声もあがった。国民と天皇との接触を念頭に置かれて設計された宮殿であったが、これ以後、ガラスという物理的な隔てが中間に存在しつつ対面するという方式へと転換した。皇居再建運動で提起されていた理念は、ここでも変質してしまったのである。

ところで、この時までの一般参賀では天皇は参賀者に対して言葉をかけていない。現在のように天皇が言葉を発するようになったのは、一九八一年四月二九日の天皇誕生日の参賀の時からであり、それは翌年以降も継続して今に至っている。その理由はおそらく昭和天皇が八〇歳となったこと（傘寿《さんじゅ》）を記念してはじめたのではないか。晩年になって再び、一般参賀において国民と天皇との接触が密になったのである。

御所も宮殿も新築され、それによって現在の位置に皇居は定着したと思われるが、しかしその後も皇居移転論は時折再登場する。

再び登場する皇居移転論

一九七〇年（昭和四五）には、『週新』が国会議員のなかで皇居移転論が論議されていると伝えた（『週新』七〇年九月一二日号）。それによれば、東京の公害問題に関連して、皇居の大気汚染も深刻化しており、天皇をそこに住まわせておくのはどうかという意見である。民社党の衆議院議員受田新吉《うけだしんきち》が記事では登場し、その意見に賛意を示している。彼は「尊皇」としてよく知られた政治家であり、天皇へ権威を感じているがゆえに汚染した場所からの移転論を主張したと思われる。

同じ民社党の和田春生《はるお》も国会で、生活環境を考えると東京以外への皇居移転を考えるべきではないかと質問している。これに対して田中角栄《かくえい》首相は天皇の健康には何ら問題ないこと、政治の中心に皇居を置く意味があることを主張して、皇居移転を否定した（衆議院予算委員会一九七二年一一月六日）。このように公害問題と皇居移転を関連づけることは、一九五〇年代後半の議論でも展開された理論であり、御所や宮殿が新築されたとしても、そうした場所に天皇を住まわせておくのは申し訳ないという感情から提起されたものだったと考えられる。

皇居移転論がその後最も大きく提唱されたのは、一九七五年のことである。この年、国土庁が中心となって、自民・社会・公明・民社各党の国会議員による新首都問題懇談会が結成され、首都機能移転についての論議が開始された。東京の一極集中化が問題視されるなかで、政府や国会議員のなかでもその議論が本格的に行われるようになった。その第三回懇談会に一九五〇年代に皇居開放論を展開していた磯村英一《いそむらえいいち》が招かれ、「首都移転を考える場合、皇居を移転するか、しないか、いずれは避けて通れない問題」と述べた（以下『朝日』七五年五月三〇日）。これを受けて金丸信《かねまるしん》国土庁長官は次のように発言する。

日本人にとって首都と皇居は深いつながりのあるものとして受けとめている。とくにわれわれ戦前の人間にとっては触れにくい問題だが、首都移転問題を考えていく場合、皇居をどうするか、はいずれ避けて通れない重要な問題と思う

このように金丸は、首都を移転させる以上、皇居の移転もやむなしと見ていたのである。これに対して磯村は首都移転と皇居を分離してもよいと考えていると発言し、参加議員の多くもこれに賛意を示したようである。まさか自分の提起を受けて、金丸がすぐに皇居移転まで論じると磯村は思っていなかったのではないか。

しかし金丸はそれでもあきらめておらず、一二月の第六回懇談会のなかでも「皇居移転

問題は当然討論の対象になるべきだ」と述べて、皇居移転論も含めて議論する必要性を説いた（『朝日』七五年一二月九日）。この金丸発言をマスメディアは大きく報道しはじめる。『読売』は「再燃？　昭和遷都論」と題する記事を掲載し、金丸発言を「皇居移転　タブーじゃない」と紹介した（『読売』七五年一二月一三日）。『週朝』も「タブー　皇居移転論に挑んだ自民田中派実力者金丸発言の真意と背景」と題する記事を掲載し、金丸に発言の意図を尋ねている（『週朝』七六年一月二日号）。両記事ともに興味深いのは、皇居移転論を「タブー」と表現しているところであろう。敗戦直後や一九五〇年代に皇居移転論が盛んに展開されていた記憶はすでになく、皇居について論議することはタブーであるとの意識が一九七〇年代には定着していたのである。これは宮殿建設などに伴って、政府・宮内庁が次第に天皇制の権威化を進めてきた結果ともいえるだろうか。皇居は、論じることすら問題視されるタブー・権威となっていたのである。

『週朝』の記事は金丸発言を受けて、有識者に対して皇居移転論をどう考えるのかについて聞き、それをまとめている。漫画家のサトウサンペイは伊勢に、評論家の藤原弘達《ひろたつ》や山本七平《しちへい》は京都に皇居を移転させてはどうかと答えているが、一方で作家の池波正太郎《いけなみしょうたろう》や遠藤周作《しゅうさく》のようにそのまま残しておくべきだと主張する回答もあった。

いずれにせよ、遷都は実現せず、皇居も現在に至っている。この後、「皇居の京都移転と東京セントラルパーク」（『自治実務セミナー』二九―四、一九九〇年）という論文が発表されたこともあったが、皇居移転論が主張されることはほとんどなくなった。御所・宮殿の建設、皇居東御苑の開放を通じて、皇居が現在の場所にあるのは当然という意識は定着したのである。それは国民に近づけることのみを目指したものではなく、権威・ナショナリズムとの融合、もしくはそれへと振れた結果として成立したものであった。

イギリスとの比較——エピローグ

筆者は二〇一四年（平成二六）の年末から一五年の年始にかけて、イギリスを訪れた。日本の皇室はイギリスの王室をモデルにしているといわれている。「御苑を開放し、宮殿をつくる」の章で述べたように、皇居宮殿の再建にあたってもイギリスのバッキンガム宮殿などを調査し、その状況を踏まえて建築計画が立てられていった。ちょうど本書執筆中であったので、イギリスでの史料調査とともに、日本の皇居開放との比較をしてみたいと思い、イギリス王室の宮殿開放の現状を調べた。

イギリスで最も著名な宮殿であるバッキンガム宮殿は、衛兵交代式なども行われることなどから、世界各地の人々が訪れる観光スポットである。エリザベス女王が各国元首らと

図13　クィーンズギャラリー横の土産店

の会見や様々な公式行事を行う宮殿機能とともに、普段から居住する御所の機能も有している。普段は広場からのぞく形で、観光客はなかには入れない。しかし女王が夏期、スコットランドに滞在している期間は入場料を支払うが、宮殿の公式諸間一九室が一般に公開されている。この一般公開中には、日本語などの各国語オーディオガイドも用意され、観光の対象となっている。また、バッキンガム宮殿横にはクイーンズ・ギャラリーが併設されており、王室所蔵品が時期ごとに企画展示されている。そして王室関係の土産品を売るショップも存在している。皇居にも東御苑に三の丸尚蔵館という皇室ゆかりの美術品などを展示する場所があり、菊葉《きくよう》文化協会による皇室関係の土産物を売る売店もある。ただし、イギリスの方が書籍・絵はがきのみならず、クッキーやぬいぐるみ、そしてアルコールまで販売しており、その種類は豊富なように思われる。バッキンガム宮殿は夏期には宮殿内部まで開かれているように、かなり観光地化している。

また、エリザベス女王が土日などに過ごすロンドン郊外のウィンザー城も開放されている宮殿の一つである。やはり入場料を支払うが、城の公式諸間の多くが公式行事などに支障のない範囲で一般に公開されており、入場者は女王が各国元首を接待している部屋なども見学することができる。また日本語などの各国語オーディオガイドもあり、場内にある王室文書館の企画展示がされ、やはり王室関係の土産品を売るショップがある。バッキンガム宮殿同様に観光地化しており、筆者が訪れた日も多くの入場者が城内に入って見学をしていた。

その他にも王室関係の宮殿はいくつか公開されているが、ロンドンにあるケンジントン宮殿を取り上げておきたい。ダイアナ元皇太子妃が居住していたとして知られる宮殿で、現在はその子であるウィリアム王子一家が住んでいる。このケンジントン宮殿もその一部が開放されており、内部の装飾品を見学できるほか、展示も宮殿やイギリス王室の歴史、ダイアナ元皇太子妃に関する特別展示もあって充実している。土産品を売るショップもウィリアム王子一家の関係品のみならずダイアナ元皇太子妃のものもあり、他の宮殿とは品揃えがやや異なっている。またショップにはカフェも併設されている。

総じて、イギリス王室の宮殿は、入場料こそ必要なものの、展示やガイドが充実しており、また公式行事に支障がなければ宮殿のかなり内部まで入ることができるような態勢が整えられている。そして見学者のための展示も工夫がこらされており、王室関係の土産物を売るショップもあって、非常に観光地化されているといえるだろう。その意味で、開かれた王室を表象する空間としてイギリス王室の宮殿は存在しているように思われる。

これと日本の皇居を比べると、やはりイギリスの方がより開放されているように感じる。日本の場合、基本的には宮殿内部には入ることができない（二〇一四年に天皇の傘寿《さんじゅ》を記念して若干の見学者を受け付けたが、かなりの倍率で希望してもなかなか入ることができなかった。この特別参観は翌年も続けられている）。イギリスのウィンザー城にあたる葉山御用邸・那須御用邸なども開放はされていない。展示についても日本の皇居開放は、映像や写真、現物資料を駆使して見学者をひきつけようとするイギリスとはやや異なっており、おとなしめである。敗戦後、皇居宮殿再建にあたって、また開かれた皇室として日本はイギリスをモデルとしていたが、どうやら必ずしもそれとは同じ水準には至っていないようである。

なぜなのだろうか。本書でこれまで見てきたように、皇居は近現代を通じて、開こうとする力は一貫して存在していたものと思われる。国民と天皇の関係性をより近づけようとする動向、それに後押しされて皇居を開こうとする思考である。皇居を開くことこそ、国民と天皇との新しい関係性の表象と捉えられたのである。だからこそ、プロローグで述べたように、現在、私たちは一般参賀や皇居参観、皇居東御苑の開放などによって皇居に入ることができるのである。そうした動向が達成されれば、おそらく現在のイギリスの宮殿開放と同じような状況になっていたのではないだろうか。しかし、皇居には近現代を通じて、もう一つの力も一貫して存在していた。権威・伝統・ナショナリズムといったものである。天皇の君主としての、日本の国家としての威信を見せつけるものとして皇居を捉えた思考といえるだろう。その思考の象徴が、宮殿建築であった。

近現代の皇居は、この二つの力の間を揺れ動きながら整備され保存され公開されたと思われる。どちらか一方に振れているわけではない。二〇一四年の乾《いぬい》通り一般公開は、国民と天皇の関係性をより近づけようとする動向へ比重を置いた動きとも思われる。しかしそれは、イギリスのように開放してしまう動きとも異なるのではないか。プロローグ冒頭の国民のように、開放を「うれし」く思う心性はイギリス国民が宮殿を見学するそれとは違うもののようである。そしてこの公開が継続・固定した動きともいえないだろう。再び閉じる可能性もある。こうした揺れ動きによって、皇居は私たちのなかで今後も様々なイメージとなって想起されていくのではないだろうか。

あとがき

フランスの哲学者ロラン・バルトはその著書『表徴の帝国』（宗左近訳、新潮社、一九七四年）のなかで、日本の皇居について次のように述べている。

わたしの語ろうとしている都市（東京）は、次のような貴重な逆説、《いかにもこの都市は中心をもっている。だが、その中心は空虚である》という逆説を示してくれる。禁域であって、しかも同時にどうでもいい場所、緑に蔽《おお》われ、お濠によって防禦されていて、文字通り誰からも見られることのない皇帝の住む御所、そのまわりをこの都市の全体がめぐっている……この円の低い頂点、不可視性の可視的な形、これは神聖なる《無》をかくしている。

たしかに、皇居は首都東京の中心にありながら、緑に囲まれた建物がほとんどない空間である。それに対して、ヨーロッパは教会（精神性）・官庁（権力性）・銀行（金銭性）・デパート（商業性）・広場（言語性）などが都市の中心にある。それによって、その空間にはバルトのいう「社会の《真理》」「《現実》のみごとな充実」が集合して凝縮されている。一方で、バルトは建物がほとんどない皇居という空間を「空虚」と表現しつつ、それにゆえにこその意味を見出しているのではないか。本書では、近現代日本社会のなかで、人々が皇居にいかなる意味を込めてきたのかを歴史的に検討してきた。それは、私たちが天皇をどのような存在として認識してきたかを解明する作業だと私は考えている。

本書の原型は、『年報日本現代史』一二号（二〇〇七年）に発表した論文「敗戦後の皇居」であり、それを収録した『「象徴天皇」の戦後史』（講談社、二〇一〇年）の記述とも重複する部分がある。ただし、その後に新しく発掘した史料を加えたことで、それらの部分も前稿までと比べて事実がより明確になったと思う。吉川弘文館からの最初のご依頼は、前著の成果を踏まえて、現代まで射程を伸ばして皇居について論じて欲しいというものであった。それならば簡単だろうと引き受けたものの、いざ書き始めると、戦前を明らかにしないと戦後も分からないことに気がついた。そこで最初の章について書き加えることになったが、それは私にとっては充実した時間だったものの、締切を大幅にすぎてしまう結果となってしまった。しかし締切を遅れてしまった功名（？）で、『昭和天皇実録』の記述を踏まえることができ、多いに役立った。

後半部分については、森暢平さんとの出会いがなければなし得なかった成果である。森さんには史料や視点について、多くのご教示いただいた。記してお礼を申し上げたい。また、様々な研究会の場でご助言いただいたみなさま、講義を聞いて質問してくださった学生のみなさんにも感謝したい。

本書は、科学研究費若手研究（B）（二〇一三～一五年度、代表：河西秀哉）、基盤研究（C）（二〇一二～一四年度、代表：森暢平）などの成果の一部であり、二〇一三年度神戸女学院大学研究所総合研究助成（代表：河西秀哉）の成果の一部でもある。

最後に。土日も研究室に出かけて執筆することを許してもらえなければ、完成はもっと遅くなっていたはずである。妻にお詫びとお礼を。また、本書はこれまでの文章以上に、子どもたちが成長した時に読んでもらえるようなものをと意識して執筆した。十数年後に、彼らが本書を手にとって父親の研究を知ってくれることを祈って。

二〇一五年七月

河西秀哉

著者紹介

一九七七年、愛知県に生まれる
二〇〇〇年、名古屋大学文学部人文学科卒業
二〇〇八年、名古屋大学大学院文学研究科人文学専攻博士後期課程修了
現在、神戸女学院大学文学部総合文化学科准教授、博士(歴史学)

主要編著書
『「象徴天皇」の戦後史』(講談社、二〇一〇年)
『戦後史のなかの象徴天皇制』〈編〉(吉田書店、二〇一三年)
『日常を拓く知 二 恋する』〈編〉(世界思想社、二〇一四年)

歴史文化ライブラリー
413

皇居の近現代史
開かれた皇室像の誕生

二〇一五年(平成二十七)十一月一日 第一刷発行

著者 河《かわ》西《にし》秀《ひで》哉《や》
発行者 吉川道郎
発行所 株式会社 吉川弘文館
東京都文京区本郷七丁目二番八号
郵便番号一一三—〇〇三三
電話〇三—三八一三—九一五一〈代表〉
振替口座〇〇一〇〇—五—二四四
http://www.yoshikawa-k.co.jp/

印刷=株式会社 平文社
製本=ナショナル製本協同組合
装幀=清水良洋・宮崎萌美

ISBN978-4-642-05813-1

歴史文化ライブラリー

1996. 10

刊行のことば

現今の日本および国際社会は、さまざまな面で大変動の時代を迎えておりますが、近づきつつある二十一世紀は人類史の到達点として、物質的な繁栄のみならず文化や自然・社会環境を謳歌できる平和な社会でなければなりません。しかしながら高度成長・技術革新にともなう急激な変貌は「自己本位な刹那主義」の風潮を生みだし、先人が築いてきた歴史や文化に学ぶ余裕もなく、いまだ明るい人類の将来が展望できていないようにも見えます。このような状況を踏まえ、よりよい二十一世紀社会を築くために、人類誕生から現在に至る「人類の遺産・教訓」としてのあらゆる分野の歴史と文化を「歴史文化ライブラリー」として刊行することといたしました。

小社は、安政四年（一八五七）の創業以来、一貫して歴史学を中心とした専門出版社として書籍を刊行しつづけてまいりました。その経験を生かし、学問成果にもとづいた本叢書を刊行し社会的要請に応えて行きたいと考えております。

現代は、マスメディアが発達した高度情報化社会といわれますが、私どもはあくまでも活字を主体とした出版こそ、ものの本質を考える基礎と信じ、本叢書をとおして社会に訴えてまいりたいと思います。これから生まれでる一冊一冊が、それぞれの読者を知的冒険の旅へと誘い、希望に満ちた人類の未来を構築する糧となれば幸いです。

吉川弘文館

歴史文化ライブラリー

近・現代史

五稜郭の戦い 蝦夷地の終焉――菊池勇夫
幕末明治 横浜写真館物語――斎藤多喜夫
横井小楠 その思想と行動――三上一夫
水戸学と明治維新――吉田俊純
旧幕臣の明治維新 沼津兵学校とその群像――樋口雄彦
維新政府の密偵たち 御庭番と警察のあいだ――大日方純夫
明治維新と豪農 古橋暉皃の生涯――高木俊輔
京都に残った公家たち 華族の近代――刑部芳則
文明開化 失われた風俗――百瀬　響
西南戦争 戦争の大義と動員される民衆――猪飼隆明
明治外交官物語 鹿鳴館の時代――犬塚孝明
自由民権運動の系譜 近代日本の言論の力――稲田雅洋
明治の政治家と信仰 クリスチャン民権家の肖像――小川原正道
福沢諭吉と福住正兄《ふくずみまさえ》 世界と地域の視座――金原左門
日赤の創始者 佐野常民《つねたみ》――吉川龍子
文明開化と差別――今西　一
アマテラスと天皇 〈政治シンボル〉の近代史――千葉　慶
明治の皇室建築 国家が求めた〈和風〉像――小沢朝江
皇居の近現代史 開かれた皇室像の誕生――河西秀哉
明治神宮の出現――山口輝臣
神都物語 伊勢神宮の近現代史――ジョン・ブリーン
日清・日露戦争と写真報道 戦場を駆ける写真師たち――井上祐子
博覧会と明治の日本――國　雄行
公園の誕生――小野良平
啄木短歌に時代を読む――近藤典彦
東京都の誕生――藤野　敦
町火消たちの近代 東京の消防史――鈴木　淳
鉄道忌避伝説の謎 汽車が来た町、来なかった町――青木栄一
軍隊を誘致せよ 陸海軍と都市形成――松下孝昭
家庭料理の近代――江原絢子
お米と食の近代史――大豆生田　稔
日本酒の近現代史 酒造地の誕生――鈴木芳行
失業と救済の近代史――加瀬和俊
選挙違反の歴史 ウラからみた日本の一〇〇年――季武嘉也
海外観光旅行の誕生――有山輝雄
関東大震災と戒厳令――松尾章一
モダン都市の誕生 大阪の街・東京の街――橋爪紳也
第二次世界大戦 現代世界への転換点――木畑洋一
激動昭和と浜口雄幸――川田　稔
昭和天皇側近たちの戦争――茶谷誠一
海軍将校たちの太平洋戦争――手嶋泰伸

歴史文化ライブラリー

植民地建築紀行 満洲・朝鮮・台湾を歩く——西澤泰彦
帝国日本と植民地都市——橋谷 弘
稲の大東亜共栄圏 帝国日本の〈緑の革命〉——藤原辰史
地図から消えた島々 幻の日本領と南洋探検家たち——長谷川亮一
日中戦争と汪兆銘《おうちょうめい》——小林英夫
モダン・ライフと戦争 スクリーンのなかの女性たち——宜野座菜央見
彫刻と戦争の近代——平瀬礼太
特務機関の謀略 諜報とインパール作戦——山本武利
首都防空網と〈空都〉多摩——鈴木芳行
陸軍登戸研究所と謀略戦 科学者たちの戦争——渡辺賢二
帝国日本の技術者たち——沢井 実
〈いのち〉をめぐる近代史 堕胎から人工妊娠中絶へ——岩田重則
戦争とハンセン病——藤野 豊
「自由の国」の報道統制 大戦下の日系ジャーナリズム——水野剛也
敵国人抑留 戦時下の外国民間人——小宮まゆみ
銃後の社会史 戦死者と遺族——一ノ瀬俊也
海外戦没者の戦後史 遺骨帰還と慰霊——浜井和史
国民学校 皇国の道——戸田金一
学徒出陣 戦争と青春——蜷川壽惠
〈近代沖縄〉の知識人 島袋全発の軌跡——屋嘉比 収
沖縄戦 強制された「集団自決」——林 博史
戦後政治と自衛隊——佐道明広
米軍基地の歴史 世界ネットワークの形成と展開——林 博史
沖縄 占領下を生き抜く 軍用地・通貨・毒ガス——川平成雄
昭和天皇退位論のゆくえ——冨永 望
紙 芝 居 街角のメディア——山本武利
団塊世代の同時代史——天沼 香
闘う女性の20世紀 地域社会と生き方の視点から——伊藤康子
丸山真男の思想史学——板垣哲夫
文化財報道と新聞記者——中村俊介

文化史・誌

毘沙門天像の誕生 シルクロードの東西文化交流——田辺勝美
世界文化遺産 法隆寺——高田良信
落書きに歴史をよむ——三上喜孝
密教の思想——立川武蔵
霊場の思想——佐藤弘夫
四国遍路 さまざまな祈りの世界——星野英紀・浅川泰宏
跋扈《ばっこ》する怨霊 祟りと鎮魂の日本史——山田雄司
将門伝説の歴史——樋口州男
藤原鎌足、時空をかける 変身と再生の日本史——黒田 智
変貌する清盛 『平家物語』を書きかえる——樋口大祐
鎌倉 古寺を歩く 宗教都市の風景——松尾剛次

歴史文化ライブラリー

空海の文字とことば——岸田知子
鎌倉大仏の謎——塩澤寛樹
日本禅宗の伝説と歴史——中尾良信
水墨画にあそぶ 禅僧たちの風雅——髙橋範子
日本人の他界観——久野 昭
観音浄土に船出した人びと 熊野と補陀落渡海——根井 浄
浦島太郎の日本史——三舟隆之
宗教社会史の構想 真宗門徒の信仰と生活——有元正雄
読経の世界 能読の誕生——清水眞澄
戒名のはなし——藤井正雄
墓と葬送のゆくえ——森 謙二
仏画の見かた 描かれた仏たち——中野照男
ほとけを造った人びと 止利仏師から運慶・快慶まで——根立研介
〈日本美術〉の発見 岡倉天心がめざしたもの——吉田千鶴子
祇園祭 祝祭の京都——川嶋將生
茶の湯の文化史 近世の茶人たち——谷端昭夫
海を渡った陶磁器——大橋康二
時代劇と風俗考証 やさしい有職故実入門——二木謙一
歌舞伎の源流——諏訪春雄
歌舞伎と人形浄瑠璃——田口章子
神社の本殿 建築にみる神の空間——三浦正幸
古建築修復に生きる 屋根職人の世界——原田多加司
大工道具の文明史 日本・中国・ヨーロッパの建築技術——渡邉 晶
苗字と名前の歴史——坂田 聡
日本人の姓・苗字・名前 人名に刻まれた歴史——大藤 修
読みにくい名前はなぜ増えたか——佐藤 稔
数え方の日本史——三保忠夫
大相撲行司の世界——根間弘海
武道の誕生——井上 俊
日本料理の歴史——熊倉功夫
吉兆 湯木貞一 料理の道——末廣幸代
アイヌ文化誌ノート——佐々木利和
流行歌の誕生 「カチューシャの唄」とその時代——永嶺重敏
話し言葉の日本史——野村剛史
日本語はだれのものか——川口 良・角田史幸
「国語」という呪縛 国語から日本語へ、そして○○語へ——川口 良・角田史幸
柳宗悦と民藝の現在——松井 健
遊牧という文化 移動の生活戦略——松井 健
薬と日本人——山崎幹夫
マザーグースと日本人——鷲津名都江
金属が語る日本史 銭貨・日本刀・鉄炮——齋藤 努
ヒトとミミズの生活誌——中村方子